SV

Sonderdruck
edition suhrkamp

WILHELM
RAABE
LITERATUR
PREIS

Christian Kracht trifft Wilhelm Raabe

Die Diskussion um *Imperium* und der
Wilhelm Raabe-Literaturpreis 2012

Herausgegeben von Hubert Winkels

Suhrkamp

Der Abdruck der Zeichnungen von Wilhelm Raabe erfolgt mit freundlicher
Genehmigung des Städtischen Museums Braunschweig.
Fotos: Jakob Adolphi

2. Auflage 2013

Erste Auflage 2013
edition suhrkamp
Sonderdruck
© Suhrkamp Verlag Berlin 2013
Originalausgabe
Alle Rechte vorbehalten, insbesondere das der Übersetzung,
des öffentlichen Vortrags sowie der Übertragung
durch Rundfunk und Fernsehen, auch einzelner Teile.
Kein Teil des Werkes darf in irgendeiner Form
(durch Fotografie, Mikrofilm oder andere Verfahren)
ohne schriftliche Genehmigung des Verlags reproduziert
oder unter Verwendung elektronischer Systeme
verarbeitet, vervielfältigt oder verbreitet werden.
Druck: Druckhaus Nomos, Sinzheim
Umschlag gestaltet nach einem Konzept
von Willy Fleckhaus: Rolf Staudt
Printed in Germany
ISBN 978-3-518-07119-9

Inhalt

Hubert Winkels: Vorwort — 7

Adam Soboczynski: Seine reifste Frucht — 21
Georg Diez: Die Methode Kracht — 29
Erklärung des Verlags Kiepenheuer & Witsch — 39
Erhard Schütz: Kunst, kein Nazikram — 40
Christopher Schmidt: Der Ritter der Kokosnuss — 47
Offener Brief an den *Spiegel* — 54
Helge Malchow: Blaue Blume der Romantik — 57
Lothar Müller: Phantasie und Format — 63
Iris Radisch: Beschwerde beim Dienstherrn — 68
Thomas Assheuer: Ironie? Lachhaft — 71
Thomas E. Schmidt: Zwei Nerds spielen bürgerliches Schreiben — 77
Jan Süselbeck: Im Zeichen von Elisabeth Förster-Nietzsches Yerba-Mate-Tee — 81
Georg Diez: Meine Jahre mit Kracht — 93
Joe Paul Kroll: Der Ritter der Kokosnuss — 101
Ralf Klausnitzer: Literatur und Gesinnung — 111
Susanne Gmür: Für Kracht ist alles nur ein Spiel — 116
Volker Weidermann: Notizen zu Kracht — 121

Eckhard Schumacher: Differenz und Wiederholung. Christian Krachts *Imperium* — 129

Verleihung des Wilhelm Raabe-Literaturpreises 2012 an Christian Kracht: Jurybegründung — 147
Clemens J. Setz: Ein Meister der Schwerelosigkeit. Lobrede auf Christian Kracht — 150

HUBERT WINKELS
Vorwort

Der Pulverdampf hat sich gelegt. Die Schlacht ist geschlagen. Die Kombattanten sind auf anderen Feldern unterwegs. Es herrscht Ruhe im Karton. War da was? Ist da was? Glimmt da etwas weiter? Was sieht man mit dem Abstand von eineinhalb Jahren besser? Wo verlaufen die Linien, wer sind die Antipoden? Was bleibt, außer der Erinnerung an eine Aufregung?

Es gibt interessante Verlaufsformen von skandalisierten Literaturdiskussionen. So mündete die Auseinandersetzung um Helene Hegemanns Roman *Axolotl Roadkill* zwei Jahre vor der Kracht-Debatte in die Frage nach Original und Authentizität unter Bedingungen der Blog-Kultur und allgemein des Internets. Der obszöne Teil, so der spätere Eindruck, hat sich in historische, technische und juristische Fragen verflüchtigt.

In der Debatte um Christian Krachts Roman *Imperium*, der im Februar 2012 erschien, ist das abstrakte Mündungsgebiet der Aufregungsströme noch nicht richtig sichtbar. Die vorliegende Anthologie, die noch einmal die wesentlichen Beiträge der in Zeitungsartikeln und Blogs sich entfaltenden Diskussion versammelt, möchte zu dieser Sichtbarkeit einen Beitrag leisten. Sie möchte die weiterführenden, zukunftsbezogenen Probleme und Fragen herausarbeiten und einen Hinweis geben auf den Zustand und die Möglichkeiten einer Literaturkritik in den postideologischen Zeiten der ästhetisch verschärften Simulationsspiele auf der einen Seite und der literarischen Echtheitszertifikate und ihrer Apologeten auf der anderen.

Der vom Deutschlandfunk und der Stadt Braunschweig vergebene Wilhelm Raabe-Literaturpreis, mit dem Christian Kracht im Herbst 2012 ausgezeichnet wurde, war der erste namhafte Literaturpreis für den Autor überhaupt. Schon diese Tatsache wirft bei der Vielzahl literarischer Preise hierzulande ein Licht auf die heikle Position, die Christian Kracht mit seinen Büchern einnimmt. Einerseits ein verfemter Außenseiter, kapriziös, reich, flüchtig, modisch, arrogant, ironisch und vor allem literaturbetriebsfern; auf der anderen Seite viel bewundert für den hintergründigen, geradezu geschichtsphilosophischen Ernst seiner Bücher, die Radikalität des Ästhetizismus, zugleich die aktuelle Zeitbezogenheit, die seinen ersten Roman gar zur Schullektüre machte. Dieser Preis, auch die Preisvergabe als Akt, war denn auch der salvatorische Schlusspunkt in der erst rasanten, dann sich verbreiternden, sich schließlich Richtung Wissenschaft verlangsamenden Entwicklung eines heftigen öffentlichen Disputes. Und als solcher war der Preis teilweise auch gedacht. Natürlich gilt er in erster Linie einem herausragenden Erzählwerk der Gegenwart. Doch der literaturpolitische Kontext konnte in diesem Fall noch weniger übersehen werden als in anderen vergleichbaren. Immerhin ging es vordergründig auch um die Frage, ob ein bekannter Autor rechtes antidemokratisches Gedankengut mit hintersinnigen ästhetischen Mitteln ins Volk (den »Mainstream«) zu bringen sucht und ob diese ästhetischen Mittel von der politischen Hintergrundagenda geprägt sind; und mehr noch, und aberwitzigerweise, ob man diese weltanschauliche Verirrung als Teil einer klandestinen faschistoiden nationalistischen Verschwörung gegen die wurzellose amerikanisch dominierte westliche Zivilisation zu verstehen habe.

So zusammengefasst klingt es nach Wahnsinn, nach paranoider Projektion alarmistischer Troubleshooter und auf Autopilot gestellter ideologisierter Dauerideologiekritiker, was es auch ist. Doch vielleicht bedurfte es eines solch krassen Falles von Fehllesen (»misreading«, Paul de Man), um weitere Fragen freizusetzen, wie die hier besonders interessierende: wie strikt nämlich der Textbezug in Kommentierung und Kritik eines literarischen Werks zu wahren ist; wann, wie und zu welchen Bedingungen die Biographie des Autors (»das Leben«) und der soziale und politische Kontext einbezogen werden dürfen oder gar müssen; und spezifischer noch: welche Funktion die literarische Form für solche Kontexterweiterungen hat; zum Beispiel die Frage: Ist die ironische Grundhaltung des Erzählers im Roman demonstrativer Import eines merkantil bestimmten amerikanischen Weltzugangs?

In vier Schritten entfaltete sich dieses Problem in der Reaktion auf Christian Krachts Roman, dessen Inhalt, Dramaturgie und Stil in den folgenden Texten noch häufig erläutert wird.

Diese Anthologie hält sich an die Chronologie der kritischen Veröffentlichungen, so dass man sie fast wie ein intellektuelles Daumenkino an sich vorbeiziehen lassen kann, um die im folgenden skizzierte Bewegung zu sehen:

Noch bevor *Der Spiegel* seine inkriminierende, auf Verdacht abstellende Kommentierung publizierte, war in der *Zeit* von Adam Soboczynski eine Eloge zu lesen, die darauf abhob, dass der Ich-Erzähler in den ersten drei Kracht-Romanen *Faserland*, *1979* und *Ich werde hier sein im Sonnenschein und im Schatten* nun in *Imperium* zum Objekt des Romans geworden sei; und der »Gott, das einstige Objekt, das sein Ich-Erzähler immer so vergeblich suchte, zum Erzähler«. Das ist ein großes Manöver in der Betrachtung des gesamten Kracht-Werkes. Hat man diese Sicht einmal angenommen, sticht die einzige Stelle im Roman, wo der Erzähler selbst »ich« sagt, umso krasser heraus. Das tut er nämlich, wenn er vom Mitläufertum seiner eigenen Familie beim Holocaust spricht, in einer Passage also, die von konkreter historischer Schuld handelt, ganz ohne ironischen Schlenker und ohne im Ironieduktus des Gesamttextes befangen zu sein. Einen hintergründigen Sinn des Romans erkennt Soboczynski schließlich in der banalen Rolle des Zufalls, der darüber entscheiden kann, ob jemand »zum verwirrten Selbstmörder oder aber zum Mörder von Völkern« wird. Der vom Roman selbst gesetzte Hinweis auf die Parallele zwischen dem verrückten kokovoren Lebensreformer August Engelhardt und dem verunglückten Künstler und Vegetarier Adolf Hitler wird hier wie in jeder Kritik aufgegriffen.

Dann folgt die Intervention des *Spiegel*, in dem unter der Überschrift »Die Methode Kracht« dieser in einem verunglückten Bild zum »Türsteher rechter Gedanken« entstellt wird, an dessen Beispiel man sehen könne, »wie antimodernes, demokratiefeindliches, totalitäres Denken seinen Weg findet hinein in den Mainstream«.

Mit dieser Denunziation war der Stein ins Wasser geworfen. Es folgten starker Wellengang und weitere Steine. Und die Frage nach der Kritik – was sie darf, was sie soll, ja was sie ist. Offenbar, um eine durchaus nicht abwegige religiöse Analogie zu bemühen, bedarf es manchmal der dumpfen Blasphemie, um weitreichende theologische Fragen in Gang zu bringen. Die erste Frage in unserem literaturkritischen Fall: Ist die strikte Trennung von Text und Autor, von Buch und Gesellschaft, von Ästhetik und Ethik (wie Politik) aufrechtzuerhalten, ist sie noch zu rechtfertigen. Dabei handelt es sich durchaus um ein Dogma bestimmter literaturwissenschaftlicher und -kritischer Richtungen wie New Criticism, Strukturalismus und Poststrukturalismus, Dekonstruktion usw. bis mitten hinein ins anspruchsvolle Feuilleton.

Auf diese basale Unterscheidung nun berufen sich in einem nächsten Schritt der Literaturverlag, bei dem Krachts Bücher erscheinen, Kiepenheuer & Witsch; eine rasch rekrutierte Gruppe von 17 namhaften Autoren von Elfriede Jelinek bis Daniel Kehlmann; und dann, in einem größeren Akt, ein antwortender *Spiegel*-Essay vom Verlagsleiter Helge Malchow. In der Abwehr der Vorwürfe gegen Kracht wird zu Recht darauf verwiesen, dass man nicht umstandslos Haltungen einer Romanfigur oder eines Erzählers mit denen ihres Autors identifizieren dürfe, schon gar nicht in einem solch heiklen Fall von Rassismus und Erlösungswahn, der sich als Parabel auf die deutsche Geschichte in der ersten Hälfte des 20. Jahrhunderts lesen lässt. Schon recht! Doch die Betonung im vorigen Satz liegt auf dem Adverb »umstandslos«. Denn, so wird die Schraube nun weitergedreht, von Lothar Müller (Süddeutsche Zeitung) und von Iris Radisch (Die Zeit), eben jene methodische Abstinenz selbst sei das Problem. Sie befürchten nämlich, dass »wieder einmal das Reich des schönen Scheins beschworen wird, in dem die Worte nichts anderes tun als schöne Wellen schlagen« (Müller); oder, noch schärfer: »dann dürfen Bücher nur ästhetisch und unverbindlich für jede reale Gegenwart aufgefasst werden« und »das – und nicht die überehrgeizige Polemik eines entgleisenden Kritikers – wäre das Ende einer lebendigen Literaturkritik«. (Radisch)

Tatsächlich müsste an dieser keineswegs neuen Sollbruchstelle des kunstkritischen Diskurses – eine mittelbare Fortsetzung der Diskussion über Nachahmung und Einbildung seit der Antike – eine verschärfte Auseinandersetzung darüber ansetzen, was unter Bedingungen einer geschichtensatten, medial aufgerüsteten Spätmoderne Begriffe wie »Welt« und »Leben« und »Gesellschaft« und »Politik« bedeuten können im Verhältnis zu ästhetischen Verfahren und Formen. Das geschieht nun aber abseits akademischer philosophischer Ästhetiken so gut wie gar nicht. Der fragmentarische Großessay *Reality Hunger* von David Shields ist so ein Versuch, oder der ein oder andere Aufsatz von David Foster Wallace in den USA oder von Thomas Hettche (im anderen Sinn) hierzulande.

In der vorliegenden Anthologie und in der gegebenen Lage der Literatur zeichnen sich nun – unter Zuhilfenahme einiger Beobachtungen in der gegenwärtigen Literaturlandschaft allgemein – drei Antworten ab.

Erstens ein Plädoyer für das Leben und den Autor und das konkrete Leiden an der Welt als Orientierungsgröße auch für ästhetisch-ornamentale, also abstrakte Zusammenhänge. Der

Spiegel mit seiner Anklage ad personam liefert in unserer Textsammlung ein ungutes Beispiel dafür. Dabei greift er, auch weil sich ihm die Ironie- und Simulationsspiele des Kracht-Romans dauernd entziehen, zu einem ästhetisch fragwürdigen anderen Gebilde: Krachts als Buch veröffentlichter E-Mail-Wechsel mit dem amerikanischen Künstler David Woodard *Five Years*. Hier muss nun ein weiterer prekärer, verspielter und verspiegelter Text als Realitätsgarant herhalten, der seinerseits so durch und durch ironisch verdrahtet ist, dass er als Kontext- und Konzeptkunst allemal besser lesbar ist denn als Klartext über eine faschistoide Welthaltung, die sich in einem Abenteuer-Unterhaltungsroman versteckt.

Diese vitalistische Grundhaltung als Ganzes ist nun keineswegs neu, sie hat in den letzten Jahren – auf publizistischen Plattformen wie *Spiegel* oder *Frankfurter Allgemeine Sonntagszeitung* – eine gewisse antiakademische, antiintellektuelle Popularität bekommen. Die Schwäche der Haltung ist leicht einsehbar: Sie besteht in der Verkennung der rhetorischen Dimension des gelesenen fremden wie des geschriebenen eigenen Textes. Deren inhaltsprägende und selbst aktiv wirkende Figuren und Muster werden ignoriert zugunsten einer mit Emphase versehenen Inhaltlichkeit. Die inhaltliche Vorstellung verkennt die Form als Agens. Paul de Man nannte dies »Blindness and Insight«, Blindheit und Einsicht.

Zweitens. In der vorliegenden Anthologie nun ist es Lothar Müller, der vorschlägt, den genannten Gegensatz zwischen konkretistischem Weltzugriff und Ästhetizismus zu verlassen, um aus den Polen »Format« (Genre) und »Phantasie« die Spannung herzuleiten. Diese Überlegung, erkennbar vom Aufklärungsliteraturstreit zwischen Gottsched und den Schweizern Bodmer und Breitinger (über »das Wunderbare«) her stammend, der nun auch schon gut zweihundertfünfzig Jahre auf dem Buckel hat, führt zu seltsamen Fallbeispielen, die schlagartig eher den prekären statt einen gelungenen Übergang von der inneren

Verfassung des Kunstwerks auf die soziale Realität erhellen. Es gehört schon eine gute Dosis verschmitzter Überpointierung dazu, in Sibylle Lewitscharoffs Roman *Blumenberg*, für den sie im Jahr 2011 den Wilhelm Raabe-Literaturpreis erhalten hat, wesentlich »den Ernst einer Generationserfahrung« zu entdecken, »die in den achtziger Jahren gemacht wurde: das Zugrundegehen einer akademischen Jugend an überlebensgroßen Lehrern und Vorbildern«. Das ist unterm Strich ein skurril-subtiler Versuch, einen eher partikularen Realitätsbezug im Hohlspiegel von Thema und Form aufzublähen.

Einen großen Schritt weiter geht nun Thomas Assheuer in der *Zeit*, der die politischen Inkriminierungen des *Spiegel* aufgreifen und verschärfen und vor allem in die Form des Kracht-Romans importieren möchte. Importieren, ja, denn man wird den Verdacht nicht los, dass die politische Verurteilung längst feststand, bevor die Frage der Ironie des Romans so lange gebürstet wurde, bis ihr rechtes Gedankengut wie Schuppen entfällt. Assheuer entwickelt den historisch-mentalitätsgeschichtlich-politischen Bezug des Krachttextes daraus, dass er die ironisch-distanzierte Tonlage des Romans keineswegs einer erzählerischen Grundhaltung der Kritik und des spielerischen Versuchs zuordnet, wie naheliegend und üblich und nahezu selbstverständlich, sondern er bezichtigt Kracht, diese ironische Grundhaltung des Romans im Ganzen ausgestellt und damit tendenziell lächerlich gemacht und denunziert zu haben, was nach der mathematischen Formel der doppelten Negation und Hegels Rettung dieser ironischen Formel in die Zivilisationsgeschichte hinein auf eine hintergründige Bejahung eben des Gegenteils hinausliefe: Krachts verschleierter Zielhorizont also bestehend aus deutscher Sonderweg, Erlösungssehnsucht, Echtheit, Blut-und-Boden, Rassismus und raunendes Rauschen des völkischen Nationalismus mit antiamerikanischer Stoßrichtung (das kommende »Imperium«) und latent anwachsendem Antisemitismus. Damit hätten wir dann also das ganze Vokabular einer ewigen selber reaktionären Beschimpfung der deutschen Romantik als reaktionär vor uns.

Dieser gewollt subtile Versuch, Ideologie über die Form (doppelte Ironie) zu rekonstruieren und nicht platterdings über inhaltliche Motive, scheitert im vorliegenden Zusammenhang, weil man doch nur aus dem Text herausholt, was man erkennbar vorher hineingelegt hat. »Im Auslegen seid frisch und munter! Legt ihr's nicht aus, so legt was unter«, schreibt Goethe in den *Zahmen Xenien*. Was zu der übergroßen hermeneutischen Grundfrage führt, wie Auslegung sich denn freimachen könnte von allzu vielen »Vorurteilen«, d. h. in diesem Fall von einem ganzen Sack an mitgeschleppten Ressentiments, die sich im Namen Christian Kracht bündeln lassen und von denen viele in diesem Buch genannt und aufgehellt werden.

Drittens: die rekursive Errettung der äußeren Welt im Text. Eine Wendung der deutenden Dinge bedarf noch der Erwähnung. Sie führt hinein ins Herzstück des vorliegenden Buches. Sie ist weniger dezidiert und also spektakulär als andere Haudrauf-Verurteilungen und -Verteidigungen. Sie nimmt Abstand und ist trotzdem genau, oft punktuell, aber hellsichtig durch Konzentration auf einen Nadelstich nur, möglicherweise einen Mückenstich, zum Beispiel wie jener seitenlang inszenierte in *Imperium* selbst, geschildert aus der Sicht der stachelbewehrten Aggressorin.

So zeugt in diesem Buch die Laudatio des Schriftstellers Clemens J. Setz von der Möglichkeit, den Punkt der starken Verdichtung, die Krachtschen »Konvergenzpunkte«, zu erkennen. Dazu geht der selber phantastisch-skurrile Autor Setz erst einmal zurück in die eigene Bilderwelt, um das Aufeinandertreffen starker eigener und fremder Elemente möglich und dann auch sichtbar werden zu lassen. Er sucht die »unsichtbaren Magnetlinien, an denen das Denken die meiste Zeit verläuft«. Er, Kracht. Und er, Setz. Als die beiden sich zum ersten Mal begegneten im Staatstheaterfoyer in Braunschweig, konnte man eine

Art Symbiose über Konvergenzpunkte in einer schönen Leben-Text-Kombination erleben. Da war kein Dazwischenkommen mehr, keine Trennung möglich. Die Reden flossen ineinander, und es war ein bejahendes wechselseitiges Nicken, dass man als Kritiker neidisch werden konnte, weil einem die Distanz doch aufgegeben ist, wie eine Last manchmal und ein Wollen ein anderes Mal, nach einigen Jahren. Und doch ist es gut so.

Denn wie man mit Texten analytisch so umgehen kann, dass sich die Quellen der vorausliegenden Empathie offenbaren, und wie sich im Fortgang die Bedeutung der Empathie für die Analyse verrät, das kann man auch an etlichen Texten in diesem Band sehen, die vieles zusammentragen zur sozialphänomenologischen Gestalt Christian Krachts. Gemeinsam ist ihnen, dass sie durch das Ernstnehmen des Textes, durch eine analytische und zugleich sinnlich tastende Textversenkung, erst zu jener Welt vordringen, die sie als Umgebung, also als Kon-text des Romans identifizieren. Mit der Erkenntnislogik des Textes selbst die Welt aufzuschließen, das erfordert eine gewisse Demut oder sagen wir zumindest Zurückhaltung vor dem Text. Man soll ihn nicht zu schnell vermählen mit der Braut, die die frischen Farben der Außenwelt trägt.

Im Übrigen ist es der Literaturwissenschaftler Eckhard Schumacher, der, weil ihm der Platz angeboten wurde, eigens einen längeren Aufsatz zu *Imperium* zu verfassen, ein Beispiel für eine endogame Lektüre bietet, die über Methoden der Textorganisation und nicht über ideologische Phantasmen auf die Realität stößt: »An die Stelle des Phantasmas einer eindeutig erfassbaren Realität oder politisch eindeutiger Positionierungen rückt dabei eine Form des Schreibens, die durchaus phantastisch genannt werden kann. Nicht nur die vermeintliche Vergangenheit, auch das, was wir als Gegenwart wahrnehmen, kann auf diese Weise verblüffend präzise dargestellt und zugleich als fragwürdige Projektion ausgewiesen werden.«

Und wenn man wissen will, welch schöne Volten auf diesem

Feld möglich sind, betrachte man für einen Moment die Selbstaussagen, also die Aussagen Christan Krachts zu seinem eigenen Schreiben. Dass es sie nicht schriftlich gibt, heißt nicht, dass sie nicht in der Welt sind. Er hat sie geäußert in einer mündlichen Dankrede zum Raabe-Preis. Und sie sind so belanglos wie gehaltvoll, weil von der reflektierenden Selbstaussage eben nicht gesagt werden kann, sie sei höherrangig, ja überhaupt gravierend unterschieden von der erfundenen Rede selbst, jedenfalls nicht im Kosmos Kracht, der sich anschließt an die alles Reden und Denken umfassende, die Welt einhüllende Noosphäre. Man könnte auch von der Welt als Bibliothek oder Thesaurus des Wissens, der Rede und der Zeichen reden. Kracht sprach von seiner Furcht, »wenn Sie« – also wir Leser – »wüssten, dass bei mir alles immer geborgt ist, appropriiert, beeinflusst, gestohlen, kopiert, verneigt vor..., Sie würden mir sagen: ›Ach, Christian Kracht, alle Dichtung ist doch übernommen!‹« Falls jemand hier noch fälschlich einen Erkenntnissprung vermutet, sei er an folgende tiefe, auf Raabe referierende Einsicht Krachts verwiesen: »Wenn Wilhelm Raabe* also in seinem Roman *Abu Telfan* schreibt: ›Wir können es nur bedauern, dass wir uns nun nicht mehr im Anfange oder in der Mitte unseres Buches befinden‹, dann habe ich das oder so ähnlich auch in meinem Roman *Imperium* geschrieben.« Banalität und Vagheit verhindern hier jede indiskrete Einsicht. Was uns Kracht damit sagen will: dass er uns eben gerade nichts sagen will, nichts, was sich nicht sowieso schon in den Schlaufen zwischen Fiktion und Deutung, zwischen Realität und Erfindung abspielt, weil es nämlich eine zeichenhafte, eine sprachliche, eine rekursive Form hat. In der sind wir gemeinsam nicht gefangen, sondern aufgehoben.

---

* Der Namensgeber des Literaturpreises ist als Zeichner weniger bekannt denn als Erzähler. Die sechs Zeichnungen in diesem Band – alle beziehbar auf damalige Kolonialvorstellungen – stammen aus seiner Feder.

Das erklärt zwar nicht, warum Christian Kracht seine vieldeutig schillernde Dankesrede zum Wilhelm Raabe-Preis nicht abgedruckt sehen will, in keinem Medium. Aber der Text ist ja in der Welt, er ist hier, in der andauernden Überschreibung, nur da ist er nicht.

»Durch die Einheit von Umschlag, Einband in Halbleinen, Satzbild und Text nimmt *Imperium* den Charakter eines kleinen Gesamtkunstwerks an. Das Umschlagbild versteckt im Gewand der *ligne claire* eine komplexe Symbolik, und eine ähnliche Durchkreuzung der Stilebenen zeichnet auch *Imperium* als Roman aus.«
Joe Paul Kroll, CULTurMAG

CHRISTIAN KRACHT
IMPERIUM

ROMAN

KIEPENHEUER
& WITSCH

ADAM SOBOCZYNSKI
Seine reifste Frucht

*Nächste Woche erscheint Christian Krachts
ganz und gar meisterhafter Kolonialroman* Imperium[1]

Die Krone der Schöpfung ist eine Kokosnuss. Sie wächst im Himmel. Sie ist reiner als alle anderen Früchte. Sie ähnelt dem menschlichen Kopf. Der Mensch aber ist ein Abbild Gottes. Die Kokosnuss demgemäß: das pflanzliche Abbild des Herrn. Ihr Fruchtfleisch ist schmackhaft und gesund. Aus ihren Fasern lassen sich Matten herstellen und Dächer. Aus dem Stamm der Palme ganze Häuser. Aus dem Kern der Nuss kann ein Öl gewonnen werden, das die Haut salbt. Aus der Schale der Kokosnuss lassen sich Krüge herstellen. Wer die Schale verbrennt, vertreibt mit Hilfe ihres wunderbaren Rauches Mücken und anderes Ungeziefer.

Die Kokosnuss ist vollkommen. Dessen ist sich der junge Nürnberger Apotheker August Engelhardt aufgrund ihrer Eigenschaften gewiss. Der lebensreformatorisch beseelte Nudist wird zum Begründer des Kokovorismus, einer Religionsgemeinschaft, die das Sonnenlicht, vor allem aber die Kokosnuss in das Zentrum ihrer Lehre rückt. Er reist im Jahr 1902 im Alter von 26 Jahren in den Pazifik, zur Kolonie Neupommern des Wilhelminischen Reiches, um dort das »fruktivorische Weltreich« zu begründen, an dem die Zivilisation gesunden soll.

Ein Projekt, das, wie man heute weiß, nicht ganz wunschgemäß verlief: Engelhardt und seine wenigen nachgereisten Jünger, die sich fast ausschließlich von Kokosnüssen ernährten, litten bald schon unter heftiger Mangelernährung und verwirrter

[1] *Die Zeit*, 9. Februar 2012

Gereiztheit. Ungeklärte Todesfälle auf der von den Sonnenanbetern kolonialisierten Insel Kabakon legen überhaupt die Vermutung nahe, dass man sich nicht sonderlich gut verstand. Der Orden löste sich bald auf, sein Anführer starb vereinsamt im Jahr 1919, als die Kolonie schon keine deutsche mehr war.

Engelhardt, dessen Weltverbesserungsexperiment in diesem Roman nacherzählt wird, ist keine Erfindung Krachts, sondern eine historisch einigermaßen überlieferte Figur, deren sich bereits der ZDF-Fernsehhistoriker Guido Knopp und vor einem Jahr auch der Schriftsteller Marc Buhl angenommen haben. Ihr wird sich auch in diesem Roman vordergründig mit dem allergrößten Ernst genähert – und zwar in dem aufreizend ausgeruhten Duktus eines Fontane oder Keyserling. Die freakhafte Hauptfigur hat ein Gegengewicht in der Form, Kracht imitiert mit größter Lust und Präzision den allwissenden Erzähler des 19. Jahrhunderts, der sich der Parteinahme vornehm enthält, mit heiterer Souveränität Rückblenden einbaut oder einem zukünftigen Ereignis vorgreift, das Geschehen ab und an kommentiert und den Leser mit größter Selbstgefälligkeit am Interieur der Räume wie am Naturschauspiel der Ferne in verschachtelten Endlossätzen teilhaben lässt. Es sticht selbst eine Stechmücke hier derart kunstvoll in die Kolonialherren, die die »Süßkartoffeln und die Hühnerbrust lustlos mit der Gabel auf dem Porzellanteller hin und her« schieben unter der unheilvollen Sonne des Südens, dass man zunächst versucht ist, einmal mehr den Ästhetizismus Oscar Wildes oder Joris-Karl Huysmans als Vorbild für Krachts prachtvolle Kunst der Künstlichkeit zu bemühen.

Mit weißen Tropenanzügen und Zwickern nähert sich zu Beginn der Handlung die Reisegesellschaft, bestehend aus alkoholisierten Pflanzern und dem langhaarigen, dürren Sonderling Engelhardt, auf einem Luxusdampfer den unprofitablen Südseekolonien des Wilhelminischen Imperiums, von denen niemand recht sagen kann, welchen Nutzen man eigentlich von ihnen hat, außer dem, dass sie, den kannibalistischen Neigungen der Ureinwohner zum Trotz, sehr schön anzusehen sind. Engelhardt kauft der windigen Geschäftsfrau Emma Forsayth – die übrigens zu den geschäftstüchtigsten Frauen der Geschichte überhaupt zählt – die kleine Insel in der Nähe des Kolonialstädtchens Herbertshöhe ab, arrangiert sich mit den Wilden, denen er den Fleischkonsum verbietet, baut sich ein Haus und stellt sich eine große Anzahl an Büchern in die Regale – das einzige Laster der Alten Welt, dem er nicht abzuschwören vermag.

Wie denn überhaupt viel Literatur in dieser Literatur eingebaut ist. In diese wunderbar kaputte Südseephantasie ist, um es mit Goethe zu sagen, »viel hineingelegt, manches hinein versteckt« worden. Der Oberseminarist wird dereinst mit nickender Genugtuung unter anderem Thomas Mann, Franz Kafka, Hermann Hesse in Krachts *Imperium* einmontiert finden, des Weiteren die deutsche Idyllenliteratur des 18. Jahrhunderts, den Abenteuerroman, den historischen Roman, Joseph Conrad, den Pantheismus, die romantische Jugendbewegung und den Idealismus des deutschen Aussteigers, der sich die Welt ganz nach Maßgabe seines Willens und seiner Vorstellung zusammenzuzimmern sucht. Dieser Roman ist bewusst überfrachtet mit europäischer Geistesgeschichte. Auch wenn man sie ahnungslos überliest, wird man immer noch ein heikles Vergnügen haben am Untergang des Helden, der sich zusehends vom Veganer zum Kannibalen, vom Menschenfreund zum Antisemiten, vom Herrn der Insel zu ihrem Opfer wandelt. Und vom gesunden Wandervogel zum Krüppel, der mit vereiterten, nässenden Waden um die Insel irrt. Kontrastiert wird der Niedergang des Helden mit dem dekadentmorbiden Leben in Herbertshöhe, in der die Langeweile mit Suff und Frivolitäten eher gesteigert denn gelindert wird. Die bessere Gesellschaft schwitzt, es verrutschen das Kleid und das Monokel, und am Ende setzt der Erste Weltkrieg dem feuchten Südseeabenteuer der Deutschen ein Ende.

Man muss es an dieser Stelle vielleicht knapp und deutlich sagen: Christian Kracht hat mit *Imperium* seinen bisher besten, seinen ausgereiftesten Roman vorgelegt. Und sich nebenbei als Autor neu erfunden: Der rollenprosahafte Ich-Erzähler mit begrenztem Ausblick und dümmlichem Horizont, der in *Faserland* verzweifelt durch die Partyszene, in *1979* durch den Iran und China, in *Ich werde hier sein im Sonnenschein und im Schatten* auch durch eine fiktive kommunistische Schweiz wanderte, ist einem auktorialen gewichen, der seine Spielfiguren souverän über das Schachbrett zieht. Der existenzielle Schmerz und Hass sind gut gelaunter Erzähllust gewichen. Nicht mehr der Ich-Erzähler spricht, ließe sich auch sagen, vielmehr hat Kracht diesen mit seiner Figur Engelhardt zum Objekt seines Romanes gemacht. Und den Gott, das einstige Objekt, das sein Ich-Erzähler immer so vergeblich suchte, zum Erzähler.

Nur einmal spricht dieser in der ersten Person und erinnert an das Mitläufertum seiner Familie im »Dritten Reich«, ein später Verweis auf den Anfang des Romans, an dem ganz beiläufig eine waghalsige Parallele gezogen wird. Engelhardt, heißt es, habe einen finsteren Bruder im Geiste. Dieser sei wie er Romantiker und Vegetarier, ein verhinderter Künstler, »der besser bei seiner Staffelei geblieben wäre«. Beide, so dürfen wir ergänzen, Hitler wie Engelhardt, modellierten sich die Welt nach Maßgabe eines zivilisationskritischen Reinheitsdiktats. Die Parallele, belehrt uns der Erzähler, sei durchaus beabsichtigt und »auch kohärent«. Gewiss, zwischen dem fanatischen Glauben an eine Südseefrucht und dem nicht weniger obskuren Glauben an eine ideale Rasse liegen nur wenige Jahre. Die Entgleisung Engelhardts ist nur das heitere Vorspiel für das darauffolgende nationalsozialistische Grauen und dieser Roman weitaus mehr als ein zweckfreies Spiel aus geistreichen literarischen Referenzen und Stiladaptionen. Vielmehr: eine Reflexion über den historisch so unfassbar banalen Zufall, der darüber entscheidet, ob jemand zum verwirrten Selbstmörder oder aber zum Mörder von Völkern wird. Und darüber, dass keine Literatur, kein Satz frei von Unschuld ist, weil er den Keim zu einer Glaubensgewissheit in sich birgt.

In einem seiner ersten Interviews überhaupt, im Sommer 1995, er hatte gerade *Faserland* publiziert, wurde Christian Kracht gefragt, was er als Nächstes vorhabe. Der Schriftsteller antwortete damals, er werde sich der deutschen Kolonien literarisch annehmen. 17 Jahre später ist ihm das meisterhaft geglückt.

August Engelhardt, © Archiv Dieter Klein, Wuppertal

Christian Kracht, © Julian Baumann

GEORG DIEZ
Die Methode Kracht

Seit Faserland *gilt Christian Kracht als wichtige Stimme der Gegenwart. Sein neuer Roman* Imperium *zeigt vor allem die Nähe des Autors zu rechtem Gedankengut*[2]

Was will Christian Kracht? Am 16. Februar 2012 erscheint sein neuer Roman, er heißt *Imperium*, das Cover ist bunt und schaut einen fast kindlich an wie ein Comic. Eine Südseeinsel und das blaue Meer sind dort zu sehen, ein paar Möwen, ein rauchender Dampfer, eine Eidechse auf einem Baum und ein Totenschädel unter einem Busch.

»Unter den langen weißen Wolken«, so beginnt *Imperium*, »unter der prächtigen Sonne, unter dem hellen Firmament, da war erst ein langgedehntes Tuten zu hören, dann rief die Schiffsglocke eindringlich zum Mittag, und ein malayischer Boy schritt sanftfüßig und leise das Oberdeck ab, um jene Passagiere mit behutsamem Schulterdruck aufzuwecken, die gleich nach dem üppigen Frühstück wieder eingeschlafen waren.«

Es ist ein ferner, seltsamer Klang, der den Leser mit den ersten Sätzen ergreift, die Sprache kräuselt sich sanft wie Wellen, die auf den Horizont zulaufen. Es ist auch eine ferne, seltsame Geschichte, die Kracht da erzählt, von August Engelhardt, »Bartträger, Vegetarier, Nudist«, ein deutscher Aussteiger am Beginn des 20. Jahrhunderts, der sein Glück in der Südsee sucht. Neupommern, Blanchebucht und Herbertshöhe, das waren die Namen damals – und obwohl das alles erfunden wirkt: Es ist mehr oder weniger wahr, die Namen gab es wirklich, und auch August Engelhardt gab es wirklich.

Kracht, 45, beschreibt ihn als ein »zitterndes, kaum fünfund-

---

2 *Der Spiegel*, 13. Februar 2012

zwanzig Jahre altes Nervenbündel mit den melancholischen Augen eines Salamanders«, als »dünn, schmächtig, langhaarig«, als einen »Prediger«, vielleicht sogar als »Erlöser«. In Deutsch-Neuguinea will er eine »Kolonie der Kokovoren« errichten, die Kokosnuss birgt für Engelhardt die Rettung des Menschen, denn »wer sich ausschließlich von ihr ernährte«, so steht es im Roman, »würde gottgleich, würde unsterblich werden«.

Aber noch einmal: Was will Christian Kracht mit dieser kruden Geschichte erzählen? Er ist ja nicht irgendwer. Er ist in Deutschland einer der wenigen Schriftsteller seiner Generation, die ihre Bedeutung nicht ein paar von Kritikern erdachten und vergebenen Buchpreisen oder Stipendien verdanken, sondern tatsächlich wichtig sind, weil es Menschen gibt, die das Leben anders sehen, weil sie seine Romane gelesen haben. Kracht wurde groß gegen die Literatur-Claqueure. Das macht ihn nicht zum guten Menschen.

Sein Debüt *Faserland* von 1995 war ein Meilenstein der bundesrepublikanischen Literatur. Klar in der Sprache und im Blick auf Deutschland. Kracht beschrieb ein Land im Champagner- und Drogennebel, eine elternlose Generation auf der Suche nach Schmerz und Verletzung, ein reiches Land, das emotional arme Kinder in die Welt gesetzt hat – alles mit dem stillen Pathos der Affirmation gezeichnet, alles aber schon grundiert von einem nihilistischen Unterton: Am Ende verschwindet der Erzähler, es ist sehr wahrscheinlich, dass er Selbstmord begangen hat.

Krachts zweiter Roman *1979* bewegte sich noch weiter in diese dunkle Richtung, er erschien im September 2001, was ihm eine zusätzliche politische Bedeutung gab, weil er vom Selbsthass des Westens erzählte, im Teheran der Revolutionszeit begann und im chinesischen Arbeitslager endete. »Alle zwei Wochen gab es eine freiwillige Selbstkritik«, so endet der Roman. »Ich ging immer hin. Ich war ein guter Gefangener. Ich habe immer versucht, mich an die Regeln zu halten. Ich habe mich gebessert. Ich habe nie Menschenfleisch gegessen.«

Man konnte diesen Roman wegen der fast seherischen Qualität der Prosa mögen, man konnte ihn auch wegen der lässigen Menschenverachtung nicht mögen – die Reise des Christian Kracht aber hatte eine Richtung angenommen, bei der es manchmal schwer wurde, ihm zu folgen.

Das wurde endgültig 2008 klar, als sein dritter Roman *Ich werde hier sein im Sonnenschein und im Schatten* erschien – der im Grunde die gleiche Geschichte erzählt wie *Faserland* und *1979*: Es sind jeweils Reisen ans Ende des Ichs. Mehr und mehr aber sind Krachts Helden von Auslöschungssehnsucht Getriebene, die sich totalitären politischen Systemen unterwerfen oder selbst menschenvernichtende Utopien schaffen. Krachts Koordinaten waren immer Vernichtung und Erlösung. Er platzierte sich damit sehr bewusst außerhalb des demokratischen Diskurses.

Womit wir wieder bei *Imperium* sind. Denn nach ein paar Seiten schon schleicht sich auch hier ein anderer Ton in die Geschichte, eine unangenehme, dunkle Melodie. Der Roman spielt »ganz am Anfang des zwanzigsten Jahrhunderts«, schreibt Kracht, »welches ja bis zur knappen Hälfte seiner Laufzeit so aussah, als würde es das Jahrhundert der Deutschen werden, das Jahrhundert, in dem Deutschland seinen rechtmäßigen Ehren- und Vorsitzplatz an der Weltentischrunde einnehmen würde«.

Eine Spalte öffnet sich in diesem Satz. Unter der Oberfläche raunt es: Deutschlands rechtmäßiger »Ehren- und Vorsitzplatz«? Wer spricht da? Wer sagt, dass dieser Platz rechtmäßig sei? Wer denkt so? Durch den schönen Wellenschlag der Worte scheint etwas durch, das noch nicht zu fassen ist. Das ist die Methode Kracht.

Und gleich darauf beschreibt er klar und fast schon programmatisch das Ziel seines Romans: »So wird nun stellvertretend die Geschichte nur eines Deutschen erzählt werden, eines Romantikers, der wie so viele dieser Spezies verhinderter Künstler war, und wenn dabei manchmal Parallelen zu einem späteren deutschen Romantiker und Vegetarier ins Bewusstsein dringen, der vielleicht lieber bei seiner Staffelei geblieben wäre, so ist dies durchaus beabsichtigt und sinnigerweise, Verzeihung, *in nuce* auch kohärent.«

Hitler also. Christian Kracht hat eine Stellvertreter- und Aussteiger-Saga über Hitler, den »Romantiker und Vegetarier«, geschrieben. Aber warum? Was macht Hitler zum Romantiker? Und was bedeutet die Romantik für Kracht? Es gibt ja kaum ein Wort bei diesem sehr genauen Schriftsteller, das er nicht einsetzt wie ein Messer, um damit die Widerstandsfähigkeit seiner Gegenwart zu testen. Was wäre also an diesem Roman »sinnigerweise« auch »kohärent«: einen Hitler zu erfinden, ohne Hakenkreuz und ohne Holocaust? Ein arisches Arkadien zu erdenken? Die Romantik von ihrem bösen Ende und Erbe zu befreien?

Und schon ist man mittendrin in dem semantischen Strudel, den Kracht bislang immer genutzt hat, um den Kern seines Schreibens und Denkens zu kaschieren: Was also ist die Funktion des Bösen in Krachts Prosa?

Wenn man genau hinschaut, ist *Imperium* von Anfang an durchdrungen von einer rassistischen Weltsicht. Hier gibt es noch Herren und Diener, Weiße und Schwarze, und als August Engelhardt dem tamilischen »Gentleman«, dessen »blauschwarze Haut in seltsamem Kontrast zu den schlohweißen Haarbüscheln stand«, in das »knochenweiße Gebiss, welches in einem kerngesunden, rosaroten Zahnfleisch steckte«, schaute – da erschauerte er »innerlich vor Wohligkeit«.

In Krachts früheren Romanen konnte man sich noch mit dem Argument über das Unbehagen an solchen Stellen hinwegtäuschen, dass der Autor die dunklen Seiten unserer Gegenwart erkunde, dass er in *1979* etwa einen Zeitenwandel erspürte oder in der Erzählung *Der Gesang des Zauberers* in die Logik des Giftterrors führte, wie ihn die Sarin-Sekte um den Japaner Shoko Asahara 1995 tatsächlich praktizierte. Diese Dunkelheit hatte eine Verbindung zur Wirklichkeit, die aufklärerisch sein konnte.

Spätestens aber mit dem dubiosen Band *Metan*, den Kracht 2007 zusammen mit Ingo Niermann veröffentlichte und in dem sie dunkel rassisch codierte Weltenschlachten visionierten, kippte dieses Argument – weil das, wovon Kracht erzählte, seither immer mehr den Terror, das Totalitäre, das Menschenverachtende zum eigentlichen Experimentierfeld seiner Romane machte. Weil der Nihilismus zum Kern der Prosa wurde.

Das sei alles nur ein Spiel, heißt es dann immer. Das sei alles nur Literatur, erklären manche. Kracht sei eben ein Dandy, sagen die, die wissen, dass Kracht in den vergangenen Jahren von Bangkok nach Berlin, Buenos Aires, Lamu und gerade nach Florenz gezogen ist. Als ob dieses Wort vom Dandy die Todesgier in Krachts Werk erklärte. Als ob man am Rand der Welt und am Rand der Vernunft reiner und besser denken könnte. Als ob die Untergangsphantasien, die Kracht von seinen Reisen mitbringt, keine politischen Konsequenzen hätten.

So lässt Kracht in seiner Terror-Erzählung *Der Gesang des Zauberers* von 1999 über »Schuld« räsonieren: »Nun, schuld waren die kleinen Götter auf der Urne. Schuld war die reinliche Maria. Schuld waren die Deutschen in ihren lächerlichen bunten Hemden, eher in halbbunt, viel gedecktes Prune, Aubergine, Mauve und Petrol, weil richtig laute Farben wäre ja amerikanisch und degoutant – diese Arschlöcher.«

Schuld, mit anderen Worten, ist eine Kategorie, die man eher ästhetisch als moralisch beschreiben kann.

Das ist das Politikverständnis jener Art von antimodernem Ästhetizismus, in dessen Nähe sich Kracht bewegt – der ins Okkulte drehen konnte wie bei Joris-Karl Huysmans oder in den

Antisemitismus abrutschen konnte wie bei Ezra Pound. Wenn man so will, ist Christian Kracht der Céline seiner Generation. In *Imperium* nun feiert er »die exquisiteste Barbarei«, in die sich sein Held Engelhardt rettet und sich an dem Gedanken berauscht, »dieser vergifteten, vulgären, grausamen, vergnügungssüchtigen, von innen heraus verfaulenden Gesellschaft, die lediglich damit beschäftigt ist, nutzlose Dinge anzuhäufen, Tiere zu schlachten und des Menschen Seele zu zerstören, adieu zu sagen, für immer«.

Engelhardt ist voller Enthusiasmus, er zieht ein paar versprengte Sinnsucher an, er versucht, seine Kokosprodukte zu exportieren – aber nach und nach gleitet dieser Traum in den Alp und endet schließlich in Wahn, Untergang, Vernichtung. Und wenn Kracht nicht selbst immer wieder den Bezug zu Engelhardts Stellvertreter herstellen würde, könnte man das Buch auch lesen als eine Satire auf gegenwärtigen Vegetarismus oder auf Erlösungssehnsucht: *Tim und Struppi* trifft Adolf Hitler.

Was aber soll man mit solchen Sätzen anfangen: »Waren nicht die dunklen Rassen den weißen um Jahrhunderte voraus?« »Frau Forsayth, obgleich Halbblut, sprach ein ausgezeichnetes, man möchte fast sagen: ein überperfektes Deutsch.« Und über den Holocaust: »Komödiantisch wäre es wohl anzusehen, wenn da nicht unvorstellbare Grausamkeit folgen würde: Gebeine, Excreta, Rauch.«

Kracht lässt diese drei Worte fallen wie die schönsten, bösesten Edelsteine, die er finden konnte. Aber was will er mit dieser Provokation?

Bei dieser Frage, stellt man irgendwann fest, hilft *Imperium*, helfen die Romane nur bedingt weiter. Kracht kann sich da leicht in seinen Literaturgewittern verstecken. Interessant aber ist ein E-Mail-Wechsel zwischen Kracht und dem Amerikaner David Woodard, der voriges Jahr im kleinen Wehrhahn Verlag erschienen ist: *Five Years* beschreibt in gewisser Weise Vorarbeiten zu dem Roman, der Imperium wurde. Diese E-Mails zeigen die dunkle Seite des Werks, sie führen direkt ins Denken und Schreiben von Christian Kracht und sind von dem Roman nicht zu trennen.

Im November 2004 beginnt die auf Englisch geführte Korrespondenz der beiden. Es geht um einen Artikel, den Woodard für die von Kracht herausgegebene Zeitschrift *Der Freund* schreiben soll. Es geht auch um ihre Faszination für Nordkoreas Führer Kim Jong-il, der sein Volk hungern lässt, was Kracht und Woodard aber nicht sonderlich zu stören scheint, sie mögen eben Diktatoren aller Art. Es geht außerdem um einen traurigen, verlassenen Ort mit Namen Nueva Germania, den Woodard irgendwie retten will – eine Deutschenkolonie mitten in Paraguay, die um 1885 von Bernhard Förster gegründet wurde, dem Ehemann von Elisabeth Förster-Nietzsche, er ein echter Antisemit, sie die feurige Judenfeindin und Schwester von Friedrich Nietzsche.

»Es scheint mir, dass du das Richtige tust«, schreibt Kracht, der sich »fast patriotisch deutsch« fühlte, als er von diesem Ort hörte, »obwohl ich natürlich Schweizer bin«.

Woodard ist ein Komponist mit einem sehr vagabundierenden Kopf, der offen ist für rechtsradikale Gedanken und Helden. Für Timothy McVeigh etwa, der 1995 in Oklahoma City 168 Menschen mit einem Bombenanschlag tötete, schrieb er ein Musikstück, das er am Vorabend von dessen Hinrichtung aufführte – weil McVeigh »mehr im Kopf hatte, als alle zugeben wollten«, wie er Kracht schreibt. »Er wurde als verrückt und gefährlich dargestellt«, sagte er einmal, »aber das verkennt seine wahren Motive.«

Sein Interesse an Nueva Germania beschreibt Woodard so: »Als Künstler, der diesen oberflächlichen Unsinn satthat, der die westliche Kultur heute definiert, fühle ich mich hingezogen zu diesem arischen Vakuum in der Mitte des Dschungels.« Dieser Ort repräsentiert für ihn »einen ästhetischen Schutzort, wie ihn sich Richard Wagner erträumte, ein Ort, an dem sich Arier friedlich dem Leben und der Verbesserung der germanischen Kultur widmen können«. Kracht schlägt spontan vor, die Bücher seines Großvaters für die Bibliothek von Nueva Germania zu spenden, wo sich nach dem Krieg auch KZ-Arzt Josef Mengele versteckt und Whiskey getrunken haben soll.

Kracht ist begeistert von der Idee dieses Ortes, er organisiert eine Reise dorthin, er hilft Woodard bei der Vermarktung von »Elisabeth Nietzsche's Yerba Mate«, dem Tee aus Nueva Germania, den Woodard exportieren will, um Geld für den Wiederaufbau zu sammeln, er hört es sich an, wenn Woodard schreibt, dass dieses »arische Zentrum elementar ist für die wünschenswerte Richtung der Welt« – ohne sich von dem dumpfen deutschtümelnden Aberwitz Woodards je zu distanzieren. Im Gegenteil, er berät ihn auch noch taktisch.

»Es ist sehr bedacht von dir«, schreibt Kracht an Woodard, »dass du dich etwas von dem entfernst, was deine Gegner rechtsradikal nennen könnten, und eine entspanntere Art des zivilen Ungehorsams gewählt hast.« Hinter diesem »Nebelvorhang« könne Woodard sich vor den »Linken (in Schottenmuster gekleidete Schweizer feministische DJs) in Europa« verstecken, die sich »gezwungen sehen werden zu überdenken, wie sie deine Theorie der aristotelischen Komödie interpretieren«.

Da haben sich zwei gefunden, die ästhetisch und politisch, sie würden da keinen Unterschied machen, auf einer Wellenlänge sind. Sie sprechen über den amerikanischen Musiker Boyd Rice, der sich in einer SS-artigen schwarzen Uniform fotografieren ließ und in einer Sendung auftrat, die sich »Rasse und Vernunft« nennt. Sie tauschen sich aus über den Norweger Tord Morsund, einen politischen Autor, der für die rechtsnationale »Fortschrittspartei« eingetreten ist und mit dem ehemaligen Ku-Klux-Klan-Chef David Duke auf einem Festival auftrat. Sie loben den amerikanischen Künstler Charles Krafft, der 2001 ein Parfum mit dem Namen »Vergebung« erfand und den Flakon mit einem Hakenkreuz verzierte. »Ich bin sehr glücklich«, schreibt Kracht, nachdem er »Charlie« kontaktiert hat, »er ist so ein Star.«

Dieser E-Mail-Wechsel funktioniert wie ein Weihnachtskalender des Teufels: Hinter fast jeder Tür, die man öffnet, hinter fast jedem Namen, den die beiden nennen, tauchen satanistische, antisemitische, rechtsradikale Gedanken auf. Woodard schreibt begeistert, dass er in Argentinien den 93-jährigen Wilfred von Oven treffen kann, »die rechte Hand von Goebbels und sein Propagandaschreiber«. Er berichtet von seinem Freund John Aes-Nihil, der in Paraguay einen Film über den SS-Mann Otto Skorzeny drehen will. Er will für *Der Freund* über den Holocaust-Leugner Ernst Zündel schreiben, da sagt Kracht aber höflich ab: »Ich mag den Stil und bestimmte Passagen sehr«, schreibt er, aber *Der Freund* sei eben ein »zionistisches« Magazin.

Das ist der Geist dieser »aristotelischen Komödie«. Kracht lädt Woodard nach Berlin ein, wo er ihm das Olympiastadion zeigen will – »und andere schöne teutonische Orte, die mit dem Geist einer lange vergangenen Zeit erfüllt sind«. Er schickt ihm – mit dem Hinweis: »Warum ich glaube, dass es sich noch lohnt, in Europa zu leben« – den Wikipedia-Link des rechtsnationalen niederländischen Politikers Pim Fortuyn, der, wie Kracht schreibt, von »einem Büromenschen, einem linksradikalen Umweltschützer« umgebracht wurde. Er organisiert in Berlin ein Seminar mit dem Titel »Gescheiterte Eugenik im Dschungel Paraguays«.

Da ist, mit anderen Worten, nichts Zufall. Dieser E-Mail-Wechsel erklärt vielmehr das Unbehagen, das fast jeder Satz von Krachts neuem Roman birgt. Auch in *Imperium* geht es um das Projekt, »am anderen Ende der Welt ein neues Deutschland zu erschaffen«. Auch hier wird ein Jude schon mal als »ein behaarter, bleicher, ungewaschener, levantinischer Sendbote des Undeutschen« bezeichnet. Und obwohl Krachts »Freund« Engelhardt, so bezeichnet er ihn, am Anfang noch nicht »jene aufkommende Mode der Verteufelung des Semitischen« teilt – am Ende »war Engelhardt unversehens zum Antisemiten geworden«.

»Wie die meisten seiner Zeitgenossen«, schreibt Kracht in diesem distanziert-ironischen Ton über Engelhardt, »wie alle Mitglieder seiner Rasse war er früher oder später dazu gekommen, in der Existenz der Juden eine probate Ursache für jegliches erlittene Unbill zu sehen.«

Vor dem Hintergrund von Nueva Germania und David Woodard und all den E-Mails werden diese Sätze bleischwer.

Was also will Christian Kracht? Er ist, ganz einfach, der Türsteher der rechten Gedanken. An seinem Beispiel kann man sehen, wie antimodernes, demokratiefeindliches, totalitäres Denken seinen Weg findet hinein in den Mainstream.

Erklärung des Verlags Kiepenheuer & Witsch
zum *Spiegel*-Artikel über Christian Kracht

Der Artikel »Die Methode Kracht« sprengt die Grenzen der Literaturkritik, weil er einen der besten und wichtigsten Autoren der Gegenwartsliteratur mit Unterstellungen und atemberaubenden Verdrehungen aus dem Kosmos der deutschsprachigen Literatur ausgrenzen will. Der Vorwurf der Verbreitung rassistischen Gedankenguts in Bezug auf Christian Krachts hochgelobten Roman *Imperium* ist bösartig und stellt den Autor Christian Kracht auf perfide Weise an den Pranger. Der Verlag Kiepenheuer & Witsch, der in der Tradition antifaschistischen und demokratischen Denkens und Publizierens steht, wird alles tun, um diesem journalistischen Rufmord entgegenzutreten. *Imperium* ist von einer Vielzahl von Autoren (Uwe Timm, Elfriede Jelinek), Verlegern (Alexander Fest, Jörg Bong) und Journalisten hoch gelobt worden, niemand hat auch nur ansatzweise einen Zusammenhang zu Rassismus und totalitärem Denken darin gefunden. Im Gegenteil: Der Roman ist eine komplexe literarische Parabel auf die Abgründe, Verirrungen und Gefahren, die in romantischen deutschen Selbstermächtigungen seit dem 19. Jahrhundert angelegt sind.

Helge Malchow und die Mitarbeiterinnen und Mitarbeiter
des Verlags Kiepenheuer & Witsch
Köln, den 13. Februar 2012

ERHARD SCHÜTZ
Kunst, kein Nazikram

Christian Krachts neuer Roman Imperium
zeigt mitnichten die »Nähe des Autors zu rechtem
Gedankengut«, wie im Spiegel *behauptet wurde*[3]

Seit Christian Kracht 1995 seinen Protagonisten auf eine Befindlichkeitsreise von Sylt aus durch die Republik schickte, um ihn an Thomas Manns Grab in der Schweiz ankommen zu lassen, und damit eine bis heute anhaltende Lektüre im Klassensatz – Klausurfrage: Ist *Faserland* ein Poproman oder nicht? – sowie gefühlte tausend Aufsätze provozierte, ist viel Zeit vergangen, die Christian Kracht vor allem für Reisen und davon profitierende Bücher genutzt hat. Die sind zwar nicht mehr so populär wie *Faserland*, aber dafür viel interessanter. Etwa zuletzt seine *alternate history* der Schweiz, *Ich werde hier sein im Sonnenschein und im Schatten*, von 2008, spannend, klug und von einer Weltläufigkeit, die in der deutschen Gegenwartsliteratur nicht eben inflationär ist.

Nun hat Kracht also einen neuen Roman vorgelegt, und man muss wohl mit einer Klarstellung beginnen: Was Georg Diez in einem Artikel für den aktuellen *Spiegel* behauptet hat, dass *Imperium* rassistisch, rechtsradikal, faschistisch etc. sei, ist ziemlich hirnrissig. *Imperium* ist vor allem eins – glänzende Literatur. Politisch machten unsere Kolonien ja nicht viel her, aber literarisch läppert es sich langsam. Seit Uwe Timms *Morenga* hat man sich meist an denen in Afrika entlang geschrieben. Mit der Südsee hat es seit Max Dauthendey etwas geha-

[3] *der Freitag*, 15. Februar 2012

pert. Christian Kracht bringt sie nun aufs Tapet. Und zwar mit einer bizarren Figur im Fokus, dem Sonnenanbeter und Kokovoren, vulgo Kokusnussesser, August Engelhardt, der auf der südlich von Neu-Lauenburg im Bismarck-Archipel gelegenen Insel Kabakon eine Plantage übernahm, von der aus er für seine »Sonnenorden – Koloniale Siedlungsgesellschaft« warb und verkündete, nackt von Kokosnüssen zu leben, sei Gottes höchster Wille. Alsbald visionierte er sein eigenes Imperium, das »internationale tropische Kolonialreich des Fruktivorismus«.

Welch irrwitzige Figur! Höchste Zeit, sie aus dem historischen Dunkel ins Kunstlicht zu holen. Doch halt! Engelhardt ist spätestens seit dem Handbuch zur Deutschen Südsee wieder populär. Er taucht in Antiveganforen auf, es gibt Zeitungs- und Netzartikel, seit 2011 ein Theaterstück, *Nackt unter Kokosnüssen*, und einen Roman über ihn, *Das Paradies des August Engelhardt*. Da muss ein weiterer Roman schon einiges bieten, denn Marc Buhls Roman war nicht schlecht. Er folgte weitgehend der überlieferten Historie.

Der Sonnenkulter aus Nürnberg wanderte 1902 in die Südsee aus, von wo er mit Postkarten von sich Adepten warb. Der erste, ein junger Helgoländer, war nach nur sechs Wochen hinüber, Sonnenstich oder Mangelernährung. Der nächste, Max Lützow, ein genialischer Musiker, fiel ebenfalls vom Fleische, versuchte noch, sich per Boot davonzumachen – und starb. Dann folgte August Bethmann, der starb 1906 unter ungeklärten Umständen. Seine ansehnliche Begleiterin Anna Schwab kehrte als Gegnerin des Narren von der Kokosnuss nach Deutschland zurück. Bei Buhl aber buhlt Engelhardt um sie, hat neben Kokosnüssen nur noch ihre »schweren Brüste« im Sinn.

Eher eine Leidenschafts- als nur Leidensgeschichte, mit allem ausgestattet, was seriös sein soll: Plastische Details, klügelndes Räsonnement, Literaturzitate – der reale Engelhardt war tatsächlich Literaturkenner – und eine Sprache, die im Realismus der »Karaoke-Literatur« (Matthias Zschokke) als gehoben gilt, weil sie z. B. mit Adjektiven aufgefüttert ist (»Er hatte Sehnsucht nach Wein, herbem Chianti, frechem Muskateller, hochnäsigem Bordeaux«). Während Buhl ordentlich heteroerotisch instrumentiert, kommt Anna bei Kracht erst gar nicht vor.

Sein Engelhardt hat es nicht mit Damen. Das ist nicht unrealistisch, da er nurmehr 39 Kilo wog und ohnehin seit Jahren von Schwären und ähnlich Unschönem geplagt war. Freilich liegt ihm auch das Homosexuelle fern, was dem – obendrein antisemitischen – Helgoländer, der in der Heimat schon versucht hatte, seine Zunge in Franz Kafkas Ohr zu stecken, der Engelhardt bedrängt und dessen Adlatus Makeli vergewaltigt, einen finalen Schlag mit der Kokosnuss auf den Kopf und uns eine schillernde Beschreibung der Leiche einträgt. Wer es war, »verschwindet im Nebel der erzählerischen Unsicherheit«.

Fortan liest Engelhardt dem Knaben abends wieder vor, nach Dickens *Große Erwartungen* die »munteren Geschichten von Hoffmann«. Man merkt, Kracht geht anders ran. Er hält sich an die Erzähler-Überlegenheit in Thomas Manns *Zauberberg*, der das – ironisierte – Modell für Krachts Roman abgibt. Sein August Engelhardt ist ein Bruder Hans Castorps, statt unter der Höhen- in der Tropensonne. Zugleich dienen, wie der drastische Umgang mit Kafka oder Hesse zeigt, die Literatur, ihre Figuren und Autoren nicht als Prestigeornat, sind vielmehr Teil eines konsequenten Verfahrens populärkultureller Mythisierung.

Es gehört zu den intertextuellen Spielchen, Meister Mann selbst auftreten zu lassen, wie er den nacktbadenden Engelhardt bei der Polizei verpetzt. Auf der Rückreise, erinnernd, wird jener »plötzlich der fast knabenhaft schmalen Schultern des gestern am Strand liegenden, nackten jungen Mannes gewahr, und er erkennt in diesem Augenblick den eigentlichen Grund, weswegen er Anzeige erstattet hat, und dass sein gesamtes zukünftiges Leben von einer schmerzhaften Selbstlüge überlagert sein wird«. So werden die intertextuellen Spielchen immer wieder vom gequälten Ernst der Jahrhundertwendenkultur durchschlagen.

Die Welt wimmelt von am Leben Gescheiterten und solchen, an denen das Leben scheitert. Darin kulminiert jener literarische Sonderweg der Sonderlinge, von Jean Paul bis Wilhelm Raabe vorgeschrieben. Man kann ohnehin den Eindruck haben, die Wendung zu den deutschen Kolonien sei weniger an Schuldteilhabe denn Entlastung interessiert: Es waren ja das alles nur eifernde Spinner und simple Sonderlinge! War schließlich nicht auch Hitler ein asexueller Vegetarier mit – dummerweise – antisemitischer Obsession? Narren-Bruder Hitler?

Kracht geht das im Thomas-Mann-Ton an: »So wird nun stellvertretend die Geschichte eines Deutschen erzählt werden, eines Romantikers, der wie so viele dieser Spezies verhinderter Künstler war, und wenn dabei manchmal Parallelen zu einem späteren deutschen Romantiker und Vegetarier ins Bewusstsein drängen, [...] so ist dies durchaus beabsichtigt und sinnigerweise, Verzeihung, in nuce auch kohärent.« Damit macht Christian Kracht das Unvergleichbare der beiden Irren und deren historisches Kontinuum klar. Er gibt seinem Roman, der souverän Zeiten und Orte wechselt und ein historisch weites, differenziertes Panorama entwirft, einen anderen Horizont. Mit allem Sensorium für groteske Situationen und abenteuerliche Umstände, verbriefte und erfundene Figuren, für Fabulierlust und Dialogwitz zieht er diese Sonderlingsgroßmacht am Vorabend des Ersten Weltkriegs ins Imperium der Populärkultur hinein, das am Ende zur wahren Weltgroßmacht wird.

Titel und Titelbild machen klar: Es ist das Imperium der Knabenträume, des Jugend- und Abenteuerbuchs, von Stevenson bis Joseph Conrad. Nach amüsanten Episoden – wie der Esoterik-Schrammler K. V. Govindarajan hier Engelhardt reinlegt, Engelhardt den Markennamen von Vegemite, »the taste of Australia«, erfindet, sich über Scharlatane aufregt, die mit noch größerer Humbugwelle als er selbst daherkommen, wie schließlich Lützow einstweilen nicht auf der Flucht stirbt, sondern in rasender Liebe nach Opernart am Strand die – historisch reale – Matrone Emma Forsayth-Coe poppt, um erst dann hinzuscheiden – gerät die Südseewelt unseres unseligen Heiligen, der sich selbst zur Miss Havisham geworden ist, der neben Kokosnüssen nur seine Nägel, Ohrschmalz und Hautschuppen isst, was ihm zum Sonnenknacks und Mangelkrankheiten noch Lepra einbringt, der sich schließlich wie im Struwwelpeter die Daumen abschneidet, auch noch in den Weltkrieg.

Wo aber Thomas Mann sein »Sorgenkind« betont unbekümmert und schnell darin allein ließ, geht's hier noch einmal rund. Inzwischen ist nämlich eine seltsame Truppe von Lord Jims Pilgerschiff Jeddah aufgetaucht, der deutsche Kapitän Slütter, Pandora, der tätowierte Maori Koro Apirana, Herr November. Sie – teils wiederum mit historischen Figuren überblendet – stammen aus Comics, aus Theodor Pussels *Das Geheimnis des Kapitän Stien* etwa, vor allem aber aus dem Corto-Maltese-Abenteuer *Die Südseeballade*. Während in Hugo Pratts Geschichte die Zeichnungen jedoch zum Ende hin immer klarer werden, lösen sich Krachts literarische Striche in einem beschleunigten Untergangs-Wirbel auf, in dem das Personal blitzkriegsartig abserviert wird. Doch es gibt obendrein noch ein Happy End, freilich in perfekter Perfidie.

Anders als der reale Engelhardt, der, ehe er 1919 verendete, ein paar Jahre Tourismusattraktion für australische Besatzer war, erlebt der Krachtsche eine Apotheose. Nach Ende des Zweiten Weltkriegs finden ihn amerikanische Soldaten auf der Solomoninsel Kolombangara vor, abgemagert, aber wundersam leprafrei. Er wird bei Kofferradiomusik, ausgestattet mit T-Shirt und Armbanduhr, mit Coca-Cola und Hot Dogs aufgepäppelt – »dies ist nun das Imperium«! Nach dem dann doch noch eintretenden Tod macht Hollywood aus seinem Leben einen Film, der beginnt, wie der Roman endet, nämlich mit seinem eigenen

Beginn. Das *Imperium* als sich schließende, geschlossene Welt – und wir, als Gefesselte, bis zum Ende in literarischen Genuss und intellektuelles Vergnügen verstrickt, draußen und mittendrin zugleich.

Wilhelm Raabe, *Exotische Landschaft*

CHRISTOPHER SCHMIDT
Der Ritter der Kokosnuss

Christian Krachts neuer Roman Imperium *ist eine furiose Satire auf deutsche Ermächtigungsphantasien*[4]

»Unter den langen weißen Wolken, unter der prächtigen Sonne, unter dem hellen Firmament, da war erst ein langgedehntes Tuten zu hören, dann rief die Schiffsglocke eindringlich zum Mittag, und ein malayischer Boy schritt sanftfüßig und leise das Oberdeck ab, um jene Passagiere mit behutsamem Schulterdruck aufzuwecken, die gleich nach dem üppigen Frühstück wieder eingeschlafen waren.« So altmodisch gediegen, ja gedrechselt und mit Adjektiven pomphaft ausstaffiert, beginnt Christian Krachts neuer Roman *Imperium*. Und mit derselben Szene endet er auch; sie hat sich nun freilich in die erste Einstellung eines Hollywood-Films verwandelt. Denn das titelgebende Imperium ist untergegangen und taugt nur noch als Schreckgespenst im Popcorn-Kino. Dazwischen aber liegen rund 250 Buchseiten und ein halbes Jahrhundert erzählter Zeit, liegen zwei Weltkriege, eine deutsche Diktatur, das Ende der Kolonialzeit und der Aufstieg neuer Weltmächte – ein Epochenbruch also, den die deutschen Ausgewanderten in ihren Liegestühlen auf dem Sonnendeck des Dampfers *Prinz Waldemar* bei ihrem Verdauungsnickerchen gewissermaßen genauso verschlafen haben, wie all das am Helden des Romans vorübergegangen ist, einem zivilisationsmüden Aussteiger, der seine Tage auf einer einsamen Insel in der Südsee verdämmert, geistesschwach geworden durch jahrzehntelange Mangelernährung und eine unbehandelte Lepra-Infektion.

[4] *Süddeutsche Zeitung*, 16. Februar 2012

Kracht erzählt in *Imperium* die wahre Geschichte des Nürnberger Radikal-Vegetariers und Nudisten August Engelhardt (1877-1919), der sich 1902 einschiffte, um auf der Insel Kabakon im Bismarck-Archipel eine Kokosplantage zu betreiben und einen Sonnen-Orden zu gründen. In der Heimat unverstanden, kehrt er dem Abendland, das durch Fleischkonsum und Körperbedeckung unweigerlich dem Untergang geweiht sei, den Rücken, um im fernen Inselparadies ein neues Deutschland zu finden. Es soll »ein Schritt zurück in die exquisiteste Barbarei« sein. Eine Zeitlang folgten ihm einige Jünger, die sich ebenfalls reif für die Insel fühlten, ließen sich zu seiner Lehre bekehren, dass in der Kokosnuss die Rettung der Menschheit schlummere, denn »wer sich ausschließlich von ihr ernährte, würde gottgleich, würde unsterblich werden«.

Mit Engelhardt haben sich bereits der ZDF-Historiker Guido Knopp sowie Marc Buhl in seinem im vergangenen Jahr erschienenen Roman *Das abenteuerliche Leben des August Engelhardt* beschäftigt. Kracht nennt ihn einen »Romantiker«, dessen Geschichte »stellvertretend« als die nur eines Deutschen erzählt werde, »der wie so viele dieser Spezies verhinderter Künstler war, und wenn dabei manchmal Parallelen zu einem späteren deutschen Romantiker und Vegetarier ins Bewusstsein dringen, der vielleicht lieber bei seiner Staffelei geblieben wäre, so ist dies durchaus beabsichtigt und sinnigerweise, *in nuce*, auch kohärent«. Spiele doch »diese Chronik« »ganz am Anfang des zwanzigsten Jahrhunderts, welches ja bis zur knappen Hälfte seiner Laufzeit so aussah, als würde es das Jahrhundert der Deutschen werden, das Jahrhundert, in dem Deutschland seinen rechtmäßigen Ehren- und Vorsitzplatz an der Weltentischrunde einnehmen würde, und es wiederum aus der Warte des nur wenige Menschenjahre alten, neuen Jahrhunderts durchaus auch so erschien«. Und ein paar Seiten weiter, als Engelhardt in München an der Feldherrnhalle vorbeikommt, heißt es: »Nur ein paar kurze Jährchen noch, dann wird endlich auch ihre Zeit gekommen sein, eine tragende Rolle im großen Finsternistheater zu spielen. Mit dem indischen Sonnenkreuze eindrücklich beflaggt, wird alsdann ein kleiner Vegetarier, eine absurde schwarze Zahnbürste unter der Nase, die drei, vier Stufen zur Bühne [...] ach, warten wir doch einfach ab, bis sie in äolischem Moll düster anhebt, die Todessymphonie der Deutschen. Komödiantisch wäre es wohl anzusehen, wenn da nicht unvorstellbare Grausamkeit folgen würde: Gebeine, Excreta, Rauch.«

Angesichts der Parallele zwischen Hitler und Engelhardt, die Kracht nahelegt, hat Peter Richter am vergangenen Wochenende in der *Frankfurter Allgemeinen Sonntagszeitung* vermutet, man könne schon Wetten abschließen, »wann der erste Depp über das Stöckchen springt« und Engelhardt, den Erzähler oder sogar Kracht selbst zum Nazi erkläre. Schon am Montag war der *Spiegel* dieser Depp, indem er den Verdacht in die Welt trug, der dunkel schillernde Dandy Kracht sei der »Türsteher« rechten Gedankenguts, der totalitäres Denken in den Mainstream schleuse. In einer Pressemitteilung protestierte der Verlag noch am selben Tag gegen die »Unterstellungen und atemberaubenden Verdrehungen« des *Spiegel*-Artikels – und so hatte das Frühjahr seinen ersten handfesten Literaturstreit, noch bevor der Roman, der an diesem Donnerstag erscheint, überhaupt im Buchhandel war.

In unredlicher Manier werden im *Spiegel* Zitate Krachts aus einem E-Mail-Wechsel mit Auszügen aus dem Roman gleichgesetzt, als wäre das eine die Klartext-Übersetzung des anderen. Arglistig kassiert der Verfasser des Artikels damit die Differenz zwischen Kunst und Leben und macht sich selbst jenes reaktionären Ästhetizismus schuldig, dessen er den Autor bezichtigt. Dabei dreht er das Argument um: dass aus den inkriminierten Passagen nichts Eindeutiges hervorgehe, wird dem Autor als bewusste Verdunklung ausgelegt. So etwas aber ist nicht Journalismus, sondern Rufmord.

Völlig unterschlagen wird, dass es sich bei der Figur des penetrant sonoren Erzählers um eine offensichtliche Thomas-Mann-Parodie handelt, deren satirische Absicht mit Händen zu greifen ist. Krachts Roman ist ein hochartistisches, auch manieriertes Erzählexperiment, das einen raunenden Beschwörer des Imperfekts einführt, dessen ironische Halbdistanz es erst ermöglicht, das ideologische Gebräu der geschilderten Epoche zu entmischen. Im Wilhelminischen Kaiserreich entstanden schließlich all die kruden Ideen zwischen Esoterik und Lebensreform, Freikörperkultur und konservativer Revolution, die sich im 20. Jahrhundert entfalteten. Und auch die Abenteurer und Glücksritter, Freigeister und Wirrköpfe, die Hasardeure und Morphinisten, Sonnenanbeter und falschen Propheten, Gottsucher und Heilsbringer, die im Roman in der ehemaligen Kolonie Neupommern, genauer in Herbertshöhe in der Blanchebucht stranden, exportieren die Setzlinge jener Ermächtigungsphantasien, die sie vorgeblich fliehen. Wie sie alle ist August Engelhardt ein Kind seiner Zeit mit seiner Kokosreligion, die natürlich *completely nuts* ist. Und für manche doch eine schwer zu knackende Nuss zu sein scheint.

Das Skandalon des Romans, Krachts viertem und bestem, besteht in der These, dass der historische Zufall darüber entscheidet, wie die Saat aufgeht, ob einer zum spleenigen Palmenhain-Autokraten wird oder zum Völkermörder. Im Roman gibt es eine Szene, in der Engelhardt den jungen amerikanischen Naturköstler Halsey trifft, einen Geistesverwandten. Doch dessen Idee einer vegetarischen Hefepaste gibt Engelhardt keine Chance. Die Ironie der Geschichte will es, dass Halsey mit dem Brotaufstrich Vegemite ein bis heute in der englischsprachigen Welt weitverbreitetes Nahrungsmittel erfand, während Engelhardts Kokovorismus vergessen ist. »Es zerfleischt sich bekanntlich niemand so ausführlich wie Menschen, deren Ideen sich ähnlich sind«, schreibt Kracht und ironisiert den Glaubenskrieg zwischen zwei gleichermaßen verspulten Utopisten, von denen einer jedoch tatsächlich eine Revolution lostrat.

Aber auch Engelhardt, der vernagelte Sinnsucher, das »Sorgenkind«, ist trotz seiner Erfolglosigkeit alles andere als ein harmloses Butterblümchen. Er hat immerhin einen Mord auf dem Gewissen und wäre beinahe zum Menschenfresser geworden – der Glaube an die heilende Kraft des Kannibalismus entspringt genauso seinem kranken Hirn wie sein Antisemitismus. Kracht geht frei mit den biographischen Fakten um, verändert zuspitzend Lebensläufe und Begegnungen. Sein Roman ist gespickt mit literarischen Verweisen von Jack London über Vladimir Nabokov bis *Tim und Struppi*, Thomas Mann, Hermann Hesse und Franz Kafka haben ihre Cameo-Auftritte. Neben der beißenden Ironie dieses Sprachkunstwerks, dessen geschraubte Gravität anfangs forciert wirkt – aber welche Parodie wäre das nicht? –, zunehmend aber tatsächlich das Niveau Thomas Manns erreicht, ist Krachts zweiter genialer Kunstgriff, dass er sich an einen Nebenschauplatz der Unheilsgeschichte des 20. Jahrhunderts begibt, ja an die Peripherie.

Hier im vermeintlichen Paradies unter Wagnerianern und Imperialisten sammeln sich die im 19. Jahrhundert angelegten deutschen Weltmachts- und Erlösungsträume wie in einer Botanisiertrommel. Ein Zeitalter wird ideengeschichtlich besichtigt – aber doch so, wie es Engelhardt im Roman einmal ergeht, der sich irritiert zeigt, dass die Gebäude von Herbertshöhe ihre Position verändert haben. Was er nicht weiß: Weil die Fahrrinne zunehmend versandet, wurde der ganze Ort abgetragen und zwanzig Kilometer weiter wieder aufgebaut. Auch Krachts Roman ist eine mit den Mitteln der Literatur vom Pathos zur Parodie verschobene Rekonstruktion der Apokalypse aus dem Geist der Romantik. Sein asketischer Held fällt, als amerikanische Truppen ihn am Ende des Zweiten Weltkriegs in einem Erdloch aufstöbern, ausgerechnet bei Coca-Cola und Hotdog vom Glauben ab. Dies sei nun das Imperium, sagt ein GI. Die Welt ist amerikanisch geworden, nicht deutsch.

Christian Kracht hat über einen schweren Stoff einen wunderbar leichten Abenteuerroman geschrieben. Man kann es auch so sagen: Hier kriegen alle Menschheitsbeglücker eins auf die Nuss.

Wilhelm Raabe, *Indianer mit Pfeil und Bogen*

Kiepenheuer & Witsch, Christian Krachts Agentur
Landwehr & Cie. und zahlreiche Autoren
wenden sich am 17. Februar in einem offenen Brief
an den *Spiegel*

Offener Brief an
Chefredaktion
Der Spiegel
Ericusspitze 1
20457 Hamburg

Sehr geehrter Herr Mascolo,

mit dem *Spiegel*-Artikel »Die Methode Kracht« hat der Literaturkritiker Georg Diez für uns die Grenzen zwischen Kritik und Denunziation überschritten. Äußerungen von literarischen Erzählern und Figuren werden konsequent dem Autor zugeschrieben und dann als Beweis einer gefährlichen politischen Haltung gewertet. Wenn diese Art des Literaturjournalismus Schule machen würde, wäre dies das Ende jeder literarischen Phantasie, von Fiktion, Ironie und damit von freier Kunst.

Katja Lange-Müller
Daniel Kehlmann
Elfriede Jelinek
Peter Stamm
Monika Maron
Thomas von Steinaecker
Kathrin Schmidt

Thomas Hettche
Necla Kelek
Rafael Horzon
Stefan Beuse
Carmen Stephan
Benjamin von Stuckrad-Barre
Carl von Siemens
Eckhart Nickel
David Schalko
Feridun Zaimoglu

Wilhelm Raabe, *Karikaturhafte Darstellung eines Dunkelhäutigen, der eine Schlange jagt*

HELGE MALCHOW
Blaue Blume der Romantik

*Ist der Schriftsteller Christian Kracht
»der Türsteher der rechten Gedanken«?
Sein Verleger antwortet auf einen* Spiegel-*Artikel*[5]

Ich erinnere mich noch genau an den Tag, an dem ich vor einem Jahr voller Neugier das Manuskript von Christian Krachts neuem Roman *Imperium* las. Ich war sofort heftig fasziniert von der Sprache dieses Romans, ich war überrascht von der Leichtigkeit und dem Witz des Textes, von der bisweilen zärtlichen Liebe des Erzählers zu seinen Figuren. Ich staunte wie ein 13-Jähriger über eine Abenteuergeschichte aus der deutschen Kolonialzeit. Ich dachte an Uwe Timms Kolonialklassiker *Morenga*, und ich entdeckte, wie in einem Wimmelbild versteckt, alle paar Seiten Dichter und Künstler der Jahrhundertwende wie Franz Kafka, Thomas Mann oder Hermann Hesse (alle ohne Namensnennung, lustig). Ein Buch über Bücher voller Zuneigung zur Kultur dieser Zeit und zur Literatur überhaupt. Klar war: Hier geht es um einen frühen deutschen Aussteiger, der der blauen Blume der deutschen Romantik entstiegen ist, der sich selbst und leider auch die ganze Welt erlösen will und im Wahnsinn, in Einsamkeit und in Selbstzerstörung endet.

Auf gewisse Parallelen zwischen diesem Sinnsucher, der die moderne Zivilisation hasst, die Menschheit durch die Ernährung mit Kokosnüssen erlösen will und am Ende zum fanatischen Antisemiten wird, und einem anderen – monströsen – deutschen Verrückten wäre ich auch allein gekommen, aber ich

---

[5] *Der Spiegel*, 18. Februar 2012

spürte, dass der manchmal kurios altdeutsch-schulmeisterliche Erzähler, der den Leser darauf extra hinweist, eben auch eine Figur des Romans ist.

Ich habe das Manuskript dann sogleich noch mal gelesen, weil klar war: Das hier ist eine höchst raffinierte künstlerische und das heißt auch künstliche Konstruktion, eine Welt aus Sprache. Das betrifft zuvorderst den Erzähler selbst, der mal wie eine Parodie auf Thomas Mann oder Heinrich von Kleist (»dergestalt«) spricht, mal wie ein raunender Märchenerzähler, mal wie ein knarzender Historiker und manchmal auch wie ein Mensch von heute oder wie ein ungeduldiges Kind. Mal schwebt er über dem Geschehen, beschleunigt oder verlangsamt es und kommentiert, mal sitzt er – fast – im Kopf seiner Figuren, nicht nur in dem des historisch tatsächlich verbürgten Protagonisten August Engelhardt, sondern auch im Kopf derer, die dem Aussteiger dort in dem deutschen Kolonialstädtchen Herbertshöhe in der Südsee mit Misstrauen, Herablassung oder auch Sympathie begegnen. Mal holt der Erzähler das Mikroskop heraus und erzählt als kleinen Roman im Roman in Cinemascope und Zeitlupe, wie eine Mücke mit ihrem Stich in den Nacken des Gouverneurs diesen mit Malaria infiziert. Und dann wird er zu einem zweiten Joseph Conrad, der einen tagelangen Sturm auf hoher See so erzählt, dass man als Leser sofort seekrank wird.

Durch diesen Erzähler ist die Geschichte manchmal ein Comic, manchmal ein Melodram, manchmal ein Thriller. Oder ein poetisches Märchen. Und manchmal eine todernste Tragödie.

In diesem sehr gemischten Stück treten sie dann alle auf, die Figuren des deutschen Kolonialimperialismus, ob zu Hause »im Reich« oder in Übersee: schwadronierende Pflanzer, opportunistische Spießer, schlaue Geschäftemacher, Jahrmarktsbetrüger, Nudisten, Hoteliers, dem Irrsinn verfallene Plantagenbesitzer, eingeborene Kolonialpolizisten, schöne Frauen und tätowierte Mädchen. Viele lässt der Erzähler zu Wort kommen, meist in indirekter Rede, und so entsteht für den staunenden Leser ein versunkener Kosmos, aber immer wieder wird er daran erinnert, dass das alles nur eine große Schnurre ist, erzählt von einer Stimme, die keinesfalls immer durchblickt: »Das alte Jahrhundert neigt sich unwirklich rasch seinem Ende zu (eventuell hat das neue Jahrhundert auch schon begonnen) ...« Eine Geschichte muss nicht wahr sein, soll Walter Benjamin gesagt haben, sie muss stimmen.

Man muss das so betonen, weil dieser Erzähler alles ist – nur eines nicht: Christian Kracht. Und weil diese rasant erzählte Abenteuergeschichte alles ist – nur kein politisches Manifest von Christian Kracht. Das wussten alle Rezensenten und Vorableser des Buchs, sie setzten es selbstverständlich voraus.

Deswegen war ich wie vom Donner gerührt, als ich im *Spiegel* der vergangenen Woche über Christian Kracht las: »Sein neuer Roman *Imperium* zeigt vor allem die Nähe des Autors zu rechtem Gedankengut.« Und: »An seinem Beispiel kann man sehen, wie antimodernes, demokratiefeindliches, totalitäres Denken seinen Weg findet hinein in den Mainstream.« Mit anderen Worten: Der Roman *Imperium* und sein Autor – ein Fall für den Verfassungsschutz. Mir ging es als Lektor und Verleger des Romans wie Elfriede Jelinek, die auf der Rückseite des Buchs mit einem lustig-liebevollen Zitat vertreten ist und die mir nach der *Spiegel*-Lektüre schrieb: »Ich habe nur gedacht, einer von uns ist verrückt, entweder Herr Diez oder ich.«

Und so habe ich den Text mehrmals wiedergelesen, um zu verstehen, wie sich der Roman unter den Augen von Georg Diez zu einem Kassiber für Rassismus und totalitäres Denken wandelt, zu einem Instrument der »Methode Kracht«, wie es in der zusätzlich grenzwertigen Überschrift heißt. Das Verfahren ist so banal wie unzulässig: Er setzt Aussagen und Haltungen, die im Roman dargestellt werden, gleich mit Haltungen und Meinungen des Autors:

»Mehr und mehr aber sind Krachts Helden von Auslöschungssehnsucht Getriebene, die sich totalitären politischen

Systemen unterwerfen ...« Schlussfolgerung: »Er (das heißt Christian Kracht) platzierte sich damit sehr bewusst außerhalb des demokratischen Diskurses.« (Dass sich diese Äußerung auch auf Christian Krachts letzten Roman bezieht, den Georg Diez 2008 hoch gelobt hat, ist eine Pointe am Rande.) Und so geht es weiter. Wenn der Erzähler im Roman spricht, so heißt es: »schreibt Kracht«. Oder: »Auch hier (das heißt im Roman) wird ein Jude schon mal als ›ein behaarter, bleicher, ungewaschener, levantinischer Sendbote des Undeutschen‹ bezeichnet.« Aber von wem? Vom Autor? Nein, von einer Romanfigur namens Aueckens, die explizit antisemitische Haltungen vertritt. Georg Diez: »Am Ende ›war Engelhardt unversehens zum Antisemiten geworden‹.« Schlussfolgerung: Kracht auch.

Dabei fragt Georg Diez selbst: »Wer spricht da? ... Wer denkt so?« Seine Antwort ist eine pure Unterstellung, da er nichts von seinen Behauptungen belegen kann: »Durch den schönen Wellenschlag der Worte scheint etwas durch, das noch nicht zu fassen ist (!). Das ist die Methode Kracht.« Und dann kommt, was kommen muss: Hitler – eine Verharmlosung. Wie kommt Kracht dazu, einen Roman über »Hitler, den ›Romantiker und Vegetarier‹« zu schreiben? Ein Hitler »ohne Hakenkreuz und ohne Holocaust«. (Leserhinweis zur Beruhigung: Das Hakenkreuz findet man auf Seite 79, den Holocaust auf Seite 231.) Etwa um »die Romantik von ihrem bösen Ende und Erbe zu befreien«?

Es ist in der Tat zum Verrücktwerden: Der Roman erzählt das exakte Gegenteil – eine Parabel über die Abgründe, Verirrungen und Gefahren, die in romantischen deutschen Selbstermächtigungen seit dem 19. Jahrhundert angelegt sind. An vielen Stellen tut er das als – schwarze – Komödie, denn der Zusammenbruch deutscher Traumprojekte, grenzenloser Selbstbefreiung und Fremdbeglückung kann sehr lustig sein. Aber an einer Stelle des Romans wechselt sehr plötzlich der Ton. Der Erzähler teilt ein einziges Mal etwas über sein persönliches Ich mit –

es ist der Moment, als er sich für seine Großeltern schämt, weil diese während der Nazi-Zeit »auf der Hamburger Moorweide schnellen Schrittes weitergehen, so, als hätten sie überhaupt nicht gesehen, wie dort mit Koffern beladene Männer, Frauen und Kinder am Dammtorbahnhof in Züge verfrachtet und ostwärts geschickt werden, hinaus an die Ränder des Imperiums, als seien sie jetzt schon Schatten, jetzt schon aschener Rauch«. Hier wird plötzlich klar, worin die dunkle Seite der deutschen Romantik auch gipfelte, neben all den anderen harmlosen und schönen Blüten, die sie bis in die Kultur der Gegenwart getrieben hat und treibt. Und an dieser Stelle spätestens hätte Georg Diez umdenken müssen.

Kein seriöser Literaturkritiker, auch nicht Georg Diez, würde Äußerungen des amoralischen Ich-Erzählers Patrick Bateman in *American Psycho* seinem Autor Bret Easton Ellis zuschreiben. Warum aber tut er dies bei Christian Kracht, den man bisweilen mit Ellis verglichen hat? Nie würde er Ellis unterstellen, was er Kracht unterstellt, nämlich diesen Roman geschrieben zu haben, »um den Kern seines Schreibens und Denkens zu kaschieren«. Hier aber muss er es tun, da er über den Roman seine Thesen nicht belegen kann: »Bei dieser Frage ... helfen die Romane nur bedingt weiter. Kracht kann sich da leicht in seinen Literaturgewittern verstecken.« Kein schönes Bild von Literatur, denkt man da und versteht, dass sich viele Autoren, selbst solche, die den Roman gar nicht gelesen haben, wegen dieser »Interpretations«-Methode empört haben. Und weil er mit der Romanbesprechung hinten und vorn nicht zum Ziel kam, hat Georg Diez dann dem Text einen zweiten Teil angehängt, in dem es unter anderem um nichtliterarische Texte und Mail-Wechsel geht, in denen sich Christian Kracht zu vielen Themen als Schriftsteller geäußert hat. Eine kritische Auseinandersetzung damit ist legitim (obwohl die Herausgeber den Band *Five Years* von Christian Kracht und David Woodard im Vorwort als Literatur bezeichnen, das müsste man berücksichtigen), wenn Georg Diez nicht aus den disparaten, manchmal provokativen, manchmal heftigen Äußerungen (auch über kulturelle Grenzgänger wie William S. Burroughs, Kenneth Anger oder Christoph Schlingensief) eine abwegige politische Agenda herauspräparierte, um diese dann als stählernen Interpretationsdeckel über den Roman zu stülpen und so diesen zu einer Propagandaschrift zu verzerren. So wird aus Literaturkritik der Versuch der Ausgrenzung eines der begabtesten deutschsprachigen Schriftsteller, und aus einer Buchbesprechung wird eine Denunziation, gegen die das Opfer sich nun rechtfertigen muss. McCarthy reloaded.

LOTHAR MÜLLER
Phantasie und Format

*Die deutsche Gegenwartsliteratur ist über den Gegensatz
von Gesinnung und schönem Schein längst hinaus*[6]

Mal sehen, ob es funktioniert, das Modell der politischen Affäre auf die Literatur übertragen, mag sich der *Spiegel* gedacht haben, der kürzlich das Erscheinen des neuen Romans *Imperium* von Christian Kracht zum Anlass nahm, den Schweizer Autor als »Türsteher der rechten Gedanken« in Deutschland zu diskreditieren, als jemanden, der »antimodernes, demokratiefeindliches, totalitäres Denken« im Mainstream gesellschaftsfähig werden lasse.

Es hat nicht funktioniert. Mehrere Rezensenten nahmen den Autor gegen den Vorwurf in Schutz, er habe durch die Hauptfigur des Romans, den deutschen Südsee-Aussteiger und Vegetarier August Engelhardt, der in der Ära des Wilhelminismus die Welt mit einem Kokosnuss-Projekt verbessern will, wie Hitler Vegetarier ist und dem Antisemitismus verfällt, den Kolonialismus verharmlosen und rechte Gesinnungen populär machen wollen (*SZ* vom 16. Februar). Und wenn nun im aktuellen *Spiegel* der Verleger Christian Krachts, Helge Malchow von Kiepenheuer & Witsch, sich noch einmal gegen die Denunziation seines Autors verwahrt, wirkt das schon wie ein Nachruf auf einen Rohrkrepierer.

Es bleibt aber ein schaler Nachgeschmack. Denn so richtig es gerade in einer Zeit ist, in der in Deutschland der Rechtsradikalismus mehr ist als nur ein Gesinnungsphänomen – nämlich organisierter Terrorismus –, den Vorwurf rechter Gesin-

---

6 *Süddeutsche Zeitung*, 21. Februar 2012

nung unter harten Legitimationsdruck zu setzen, um ihn nicht stumpf werden zu lassen, so unbefriedigend bleibt der damit verbundene Rückzug auf die allerschlichteste Grundvoraussetzungen der Literaturkritik: dass man zwischen der Figurenrede, der Erzählerstimme und dem Autor eines Romans tunlichst unterscheiden sollte.

Geschenkt. Dieses Nachbuchstabieren des ABCs aller Kritik reicht aus, um ungeschickte Skandalisierungsversuche wie die des *Spiegel*-Kritikers in die Schranken zu weisen. Aber was ist damit gewonnen, wenn nun gegen den blamierten Schnellschusskritiker, der aus dem »schönen Wellenschlag der Worte« partout die dunkle, böse Gesinnung hervorziehen will, die er darin verhüllt sieht, wieder einmal das Reich des schönen Scheins beschworen wird, in dem die Worte nichts anderes tun als schöne Wellen schlagen?

Als »eine höchst raffinierte künstlerische und das heißt auch künstliche Konstruktion, eine Welt aus Sprache« preist der Verleger Helge Malchow den Roman *Imperium*, und wenn er den in lässig übergeworfenen historischen Sprachkostümen daherkommenden Erzähler feiert, fügt er hinzu, dass »dieser Erzähler alles ist – nur eines nicht: Christian Kracht«. Ja, auch diese Unterscheidung von Autor und Erzähler gehört zum ABC der Kritik. Und natürlich ist es nie falsch, für das Eigenrecht der literarischen Sprache eine Lanze zu brechen.

Aber interessant wird die Sache erst, wenn man es damit nicht sein Bewenden haben lässt und weiterfragt: Was hat dieser mit dem Autor nicht identische Erzähler, was hat der Stoff, von dem er berichtet, und was hat der Ton, in dem er dies tut, mit dem Autor zu tun und mit der Welt, in der er lebt?

Man muss Christian Kracht nicht auf das Etikett des »Popliteraten« festlegen, das ihm seit seinem Roman *Faserland* (1995) anhaftet, um zu erkennen, dass für solche Fragen die handliche Gegenüberstellung von »schönem Schein« – samt Formbewusstsein und Sprachspiel – und politisch-historischer Welt der Gesinnungen und ideologischen Sündenfälle wenig weiterhilft. Kein schöner Schein ist exterritorial, jeder trägt eine historische Signatur.

Was hat es damit auf sich, wenn aus der Gegenwart des 21. Jahrhunderts, in der das Wechselspiel von Rausch und Askese, politischer Desillusionierung und Aufbruch ganzer Heerscharen von Fernreisenden zur prägenden Erfahrung der Nachkriegsgenerationen gehört, ein Roman den Kolonialismus und die Welterlösungsphantasien des deutschen Kaiserreichs in komisch-satirischem Gewande aufleben lässt? Und dies bei einem Autor, der in seinen vorangegangenen Büchern so düstere Welten des Totalitären gezeichnet hat, als müsse er den Rausch des Selbstgenusses im literarischen Straflager durch Selbstkasteiung für seine Exzesse büßen? Man muss nicht nach Gesinnungen fahnden wollen, um skeptisch gegenüber ihre Feier als reiner »Konstruktion« und »Sprache« zu sein, die vor allem mit sich selber spielt.

Denn interessant an der deutschsprachigen Literatur ist ja derzeit eben dies: Die Lektion, dass sie wieder erzählen statt grübeln und von der sozialen »Welthaltigkeit« der angelsächsischen Literatur – oder Fernsehserien – lernen soll, hat sie ebenso hinter sich wie die guten Ratschläge, sich an der jeweils neuesten Musik zu orientieren. Das Spektrum ist größer geworden, in dem aus diesen beiden Polen Spannung entstehen kann: aus der wechselseitigen Durchdringung von Format – früher hätte man gesagt: Genre – und Phantasie.

Das alte Geschichtenerzählen, das sich weigert, in das Format des mittleren realistischen Romans einzulaufen, spielt dabei quer durch die Generationen eine große Rolle. Stets gewinnen dabei die Worte ihr Gewicht dadurch, dass sie von der Welterfahrung ihrer Autoren profitieren, statt sich fein säuberlich an die Grenze zwischen Autor und Erzähler zu halten. Man muss nur einige Seiten eines Autors wie Clemens J. Setz – etwa in seinem Roman *Frequenzen* – lesen, um zu ahnen, dass hier der Furor des Schreibens von einer großen Wachheit gegenüber den nichtliterarischen Medien getragen ist, einer Wachheit, die nicht schon deshalb unpolitisch ist, weil sie außerparlamentarisch funktioniert.

Und wenn im vergangenen Jahr Sibylle Lewitscharoff in ihrem *Blumenberg* einen leibhaftigen Löwen auftreten ließ und einen Gelehrten, der den Namen eines wirklichen deutschen Philosophen trug, so war dies gewiss auch ein Spiel mit dem alten Format der Heiligenlegende. Aber zugleich war in das Spiel und den Wellenschlag der Worte unverkennbar der Ernst einer Generationserfahrung gemischt, die in den achtziger Jahren gemacht wurde: das Zugrundegehen einer akademischen Jugend an überlebensgroßen Lehrern und Vorbildern.

Zu dieser wechselseitigen Befruchtung von Phantasie und Formaten, durch die das Geschichtenerzählen immer wieder der Königsdisziplin des Romans ein Schnippchen schlägt, gehört auch, dass die Literatur auf Recherche auszieht, ohne mustergültige Reportagen mit nach Hause zu bringen, so wie Marcel Beyer in seinem jüngsten Buch *Putins Briefkasten* (2012), dessen Titel keine Metapher ist, sondern die Bezeichnung des Ortes, den der Erzähler zwanzig Jahre nach der Wende in Dresden aufsucht, in der Radeberger Straße 101, die noch Julian-Marchlewski-Straße hieß, als in der zweiten Hälfte der achtziger Jahre dort die Familie Putin lebte.

In dem konsequent aus der Romanform ausgelagerten Werk des Schriftstellers Alexander Kluge wäre dem Helden von Christian Krachts neuem Roman vielleicht eine Geschichte von etwa drei Druckseiten gewidmet. Sie stünde nicht allein, sie würde durch die Vielzahl von Geschichten deutscher Ausgewanderter, Projektemacher und scheiternder Abenteurer kommentiert. Beide Autoren haben ihre literarische Methode, ihre Form, ihre Sprache. Zwischen den Kluge-Figuren und ihren einander überkreuzenden Lebensläufen und dem in die Romanform wie in eine Voliere gesperrten bunten Vogel Christian

Krachts ließe sich ein Treffen arrangieren. Denn Literaturkritik ist nicht die Identifizierung von Meinungen, sondern die Bestimmung und Kommentierung von Verfahren.

IRIS RADISCH
Beschwerde beim Dienstherrn

*Der Verriss des jüngsten Romans von Christian Kracht
im* Spiegel *hat zu heftigen Autorenprotesten
geführt. Gibt es Anstandsregeln, die ein Kritiker
niemals verletzen darf?*[7]

Die Rezension des Romans von Christian Kracht in dem nicht unbedingt durch seinen Literaturteil legendären Nachrichtenmagazin *Der Spiegel* hat Wogen geschlagen, wie es eine einzelne Literaturkritik noch nie vermochte. Noch am Tag des Erscheinens verwahrte sich der Verlag Kiepenheuer & Witsch in einer Erklärung gegen die Kritik, die er »bösartig« und »perfide« nannte. Wenige Tage später folgte ein offener Brief, den siebzehn Schriftsteller unterschrieben haben, darunter Daniel Kehlmann, Peter Stamm, Monika Maron, Elfriede Jelinek, Kathrin Schmidt und Feridun Zaimoglu. Darin wird dem *Spiegel*-Autor Georg Diez vorgeworfen, die »Grenzen zwischen Kritik und Denunziation überschritten« zu haben.

Der Brief, der an den *Spiegel*-Chefredakteur adressiert ist, verwahrt sich gegen die »Art« der vom *Spiegel* praktizierten Literaturkritik, weil sie »Äußerungen von literarischen Erzählern und Figuren dem Autor« zuschriebe. Von dieser Verfahrensweise wird befürchtet, dass sie das Zeug dazu hätte, »das Ende jeder literarischen Phantasie, von Fiktion, Ironie und damit von freier Kunst« einzuläuten. Wie der *Spiegel* diesen Angriff zu parieren gedenkt, stand bis zum Redaktionsschluss noch nicht fest.

In der jüngsten Ausgabe wird der Kracht-Verleger Helge

[7] *Die Zeit*, 23. Februar 2012

Malchow dann selbst zum Kritiker, der im *Spiegel* eine zweiseitige Gegenrezension schreibt, in der er das von ihm verlegte Buch eine »höchst raffinierte künstlerische und das heißt auch künstliche Konstruktion« und die eine Woche zuvor veröffentlichte Kritik seinerseits eine »Denunziation« nennen darf.

Die Literaturkritik, die in der öffentlichen Wahrnehmung keine große Rolle mehr spielt, hat plötzlich einen Skandal. Und zwar einen würdigeren als den letzten, der sich in der Debatte darüber erschöpfte, ob eine Siebzehnjährige zu viele Zeilen aus dem Internetblog eines unbekannten Berliner Diskothekenbesuchers abgeschrieben habe oder nicht. Denn hier handelt es sich jenseits der hermeneutischen Fehler, die dem *Spiegel*-Kritiker unterlaufen sind, auch um die Frage, wie politisch Literaturkritik sein darf und ob es erlaubt ist, andere als textimmanente Argumente für oder wider einen Roman zu mobilisieren.

Die Autoren haben recht: Die vom *Spiegel* inkriminierten Romanstellen sind aus dem Geist und in der Perspektive historischer Figuren verfasst. Die eher erbärmliche Kolonialherrlichkeit, die der Roman beschreibt, sowie die barfüßige Zivilisationskritik des albernen Kokosnusspropheten August Engelhardt und seiner verwirrten Jünger sind der Figurenperspektive geschuldet. Das hat der *Spiegel*-Autor übersehen. Auch ist sein Vorwurf, Krachts Roman sei »rassistisch«, ein Platzverweis, den sich ein Kritiker bei unsicherer Beweislage nicht anmaßen darf.

Die Autoren, die den Kritiker nun bei seinem obersten Dienstherrn, nein, nicht denunzieren, aber doch anklagen, maßen sich aber ebenfalls etwas an: Sie glauben zu wissen, was in der Literaturkritik erlaubt und was verboten ist. Verboten ist ihrer Meinung nach, den Autor eines Romans für seinen Erzähler haftbar zu machen.

Das ist zwar korrektes Literaturseminarwissen, aber dennoch Unsinn. Figurenrede, Ironie, Maskenspiel und die »Freiheit der Kunst« machen einen Roman und seinen Verfasser nicht per se unangreifbar. Sie sind kein ästhetischer Schutzwall, hinter den kein Kritiker mehr einen Blick werfen darf, ohne Angst vor Beschwerden bei seinen Vorgesetzten haben zu müssen. Wenn Literaturkritik so wäre, wie die Absender des Protestbriefes sie sich wünschen – peinlich darauf bedacht, keinen Seitenblick auf die wirkliche Welt hinter den Buchseiten zu wagen –, wäre sie zahnlos, langweilig und ohne jeden gegenwartsdiagnostischen Sex-Appeal. Wenn verboten wäre, was die Autorenerklärung der *Spiegel*-Chefredaktion zu unterbinden empfiehlt, hätte Martin Walsers Roman *Tod eines Kritikers* niemals als unzumutbarer Angriff auf den Kritiker Marcel Reich-Ranicki attackiert werden können. Dann dürfte kein Schlüsselroman mehr als solcher verstanden, dann dürften Bücher nur ästhetisch und unverbindlich für jede reale Gegenwelt aufgefasst werden. Das – und nicht die überehrgeizige Polemik eines entgleisenden Kritikers – wäre das Ende einer lebendigen Literaturkritik.

Christian Kracht spielt in seinem Roman *Imperium* ein teils amüsant ironisches, teils angestrengt manieristisches Spiel mit antiquarischen Versatzteilen. Vielleicht ist es, wie Thomas Assheuer auf Seite 51[8] meint, wirklich ein ernst zu nehmendes Spiel mit dem Feuer. Vielleicht ist es aber auch nur ein absurdes Spiel mit der Asche eines längst erloschenen Weltenbrandes. Ob hinter den Schleiern der komödiantischen Fiktion ein sinistrer ideologischer Restposten der Vormoderne oder etwas ganz Neues am Horizont aufscheint – darüber zu streiten, sind wir Kritiker da.

---

8 Vgl. den nächsten Beitrag in diesem Band

THOMAS ASSHEUER
Ironie? Lachhaft

Viele Kritiker halten Christian Krachts Roman
Imperium *für schöne Spielerei. Das ist ein Irrtum*[9]

So viel Harmonie in der Empörung war noch nie. Christian Krachts Roman *Imperium*, so schreiben die Kritiker einmütig, betreibe ein Spiel, wie man es klüger und eleganter kaum spielen könne. Am Ende löse sich alles auf in Wohlgefallen, in das perlende Parlando eines grundvergnügten Erzählers. Ein »Abenteuerroman«, lobt Elfriede Jelinek, einfach köstlich.

Ja, August Engelhardt, der Held des Romans, erlebt viele Abenteuer. Er ist eine zarte Seele aus Nürnberg, ein Neuheide und Sonnenanbeter, aber weil er es im wilhelminischen Deutschland nicht länger aushält, will er ganz weit weg, in die Südsee. Schön wird es nicht. Wenn er auf seiner Reise nicht verhöhnt, verachtet oder verprügelt wird, dann wird er bestohlen, betrogen und belogen. Kaum in seinem Paradies angekommen, wird er höllisch übers Ohr gehauen, und bald geht es mit ihm bergab. Dann kommt der Erste Weltkrieg, dann der Zweite Weltkrieg, dann werden die europäischen Juden vergast, und die unschuldige deutsche Seele verliert ihre Unschuld. Die Menschen, denen Engelhardt in seinem Leben begegnet war, ersaufen auf hoher See oder werden standrechtlich erschossen. Nach Kriegsende finden US-Marines den uralten Engelhardt in einer Erdhöhle, und später macht Hollywood daraus einen Film, der zeigt, wie die Vorhut des siegreichen Imperiums einen verrückten Deutschen findet. So schnurrt alles in einer Endlosschleife zusammen. Der Roman schließt mit der ersten Szene

9 *Die Zeit*, 23. Februar 2012

des Films, der wiederum die erste Szene des Buches wiederholt: wie Schiffspassagiere, ermattet vom englischen Bier, von einem malaysischen Boy geweckt werden ...

Das also sind die lustigen Abenteuer des Helden Engelhardt; der Berichtszeitraum des Romans umfasst die blutigste Epoche der Weltgeschichte mit Hekatomben von Toten. Alles nur ein Potpourri der Stimmen, mit Märchen, Satire, aber ohne tiefere Bedeutung? Alles nur der Äthergeist der Ironie?

Natürlich nicht, es wäre unterm ästhetischen Niveau von *Imperium*. Schon die Stimme des Erzählers ist verdächtig, mal tönt sie ironisch, mal sehr vernünftig, mal komödiantisch verschmitzt. Aber wer spricht hier eigentlich? Ein gnostischer Sonnenanbeter wie Engelhardt? Keineswegs. Der Erzähler gibt sich ganz offen als Zivilisationsliterat zu erkennen (»Wir Nichtgnostiker«), als Angehöriger jener vernünftigen, siegreichen, fortschrittlichen und christlichen »Moderne«, der sich der verrückte Engelhardt – »unser Sorgenkind« – leider habe »entziehen« wollen.

Das ist ein gut platzierter Wink. Ironisch gibt er dem Leser zu verstehen, dass Ironie nicht das Formprinzip des Romans ist, sondern nur das Formprinzip der im Roman erzählten Geschichte – also der Geschichte vom Sieg des Coca-Cola-Imperiums über den deutschen Spinner Engelhardt. Die Ironie, heißt das, ist der Jargon des Hegemons.

Kracht benutzt hier einen schönen romantischen Kniff. Er lässt die Ironie ironisch werden, sie wendet sich gegen sich selbst, oder um in der Sprache des Romans zu bleiben: Sie »kannibalisiert« sich. Diese Ironisierung der Ironie macht das Buch zum Vexierbild. Denn wenn Ironie die Herrschaftssprache der westlichen Sieger ist, dann vertauschen sich die Vorzeichen, und dann muss der Leser fragen: Sind die Verrückten gar nicht verrückt? Und sind die Zivilisierten die wahren Barbaren?

Das betrifft natürlich zuerst den armen Engelhardt, der einen Fußtritt nach dem anderen einstecken muss. Meist sind es verschlagene Engländer, die ihm übel mitspielen, wahlweise auch verschlagene »Yankees« oder englisch sprechende Insulaner, die ihm sein Hab und Gut stehlen, oder auch verschlagene Händler-Deutsche, die sich benehmen wie verschlagene Engländer. Und wo Engelhardt, der geborene Verlierer, auch hinkommt – die maritimen Sieger England und Amerika haben bereits ihre Spuren hinterlassen und das Paradies entzaubert. Big Business ist überall, und selbst auf seiner Trauminsel Kabakon ist Engelhardt auf die Dienste eines englischen Flaschenabfüllers angewiesen. Und wenn der Spökenkieker einen Albtraum hat, dann erscheint ihm England, die Mutter des Imperiums.

Um es kurz zu machen: Sobald man die Geschichte gegen den ironischen Strich bürstet, dreht sich alles um. Dann ist nicht der Verlierer Engelhardt verrückt, sondern verrückt ist die siegreiche Zivilisation, die die Vermessung der Welt vorantreibt und alles unter ihrem »Feuerrad« begräbt. Der brutale christliche Westen ist das neue Rom, das den deutschen Neuheiden für verrückt erklärt, weil er sich hinter Moses zurückbetet, hinter den Glauben an den einen Gott. Einmal schreibt Engelhardt einen Brief, der erst verloren geht, um dann wiederaufzutauchen – in der Wüste Sinai.

Für die Diagnose, die Engelhardt dem Imperium stellt, gibt es einen plakativen Begriff, und der heißt Nihilismus. Das angloamerikanische Imperium, von dem sich auch Deutschland hat anstecken lassen, ist ein nihilistisches Komplott. Wer sich ihm nicht fügt, den stellt es kalt oder sperrt ihn ein, wie Pandora, die Mignonfigur im Roman. Die Händlermoderne frisst alles auf, am Ende sogar sich selbst, und damit betreibt sie genau den Kannibalismus, den sie den Wilden vorwirft. Tatsächlich wimmelt es in *Imperium* vor Inversionsfiguren; fast alles wird hier zirkulär und selbstzerstörerisch; Engelhardt, der Welthund, auf den alle einprügeln, bekommt Lepra und verfault am eigenen Leib, er verspeist seine Fingernägel, er schneidet sich einen Daumen ab und isst ihn auf.

Es gibt noch etwas »Verrücktes«, das rehabilitiert wird, sobald man dem Wink des Erzählers folgt und die ironischen Vorzeichen einklammert: Deutschland. Gemeint ist nicht das historische Deutschland, denn das hat sich bereits an die angelsächsischen Weltentzauberer verraten. Gemeint ist das romantische »Deutsche«, die deutsche Seele, die deutsche Kultur, ihr Lichtfünklein in der Finsternis. Doch gegen den Westen, gegen England und Amerika, hat Deutschland keine Chance; die Seemächte beherrschen alles, noch bevor die verspätete Nation groß herauskommen konnte. Mit einem Wort: Der Nomos der Erde, das Gesetz der Welt, ist angloamerikanisch.

Es gibt viele Möglichkeiten, der modernen Gesellschaft den Spiegel vorzuhalten, aber Kracht hat die schärfste Variante gewählt, nämlich den gnostischen Dualismus. In diesem Denken ist die Moderne eine Hölle, die von finsteren Mächten beherrscht wird, und nur eine Handvoll Wissender, nur wenige irdische Engel (eben angel heart Engelhardt) tragen noch den Funken der Wahrheit in sich. Deshalb sind sie Fremde, deshalb werden sie misshandelt und gekreuzigt, doch ihr Leiden ist das Echtheitssiegel für die Sündhaftigkeit der Welt.

Ästhetisch ist das Muster ausgesprochen ergiebig, man denke nur an Thomas Manns *Doktor Faustus*, an Knut Hamsuns *Mysterien*, an Botho Strauß' *Der junge Mann* oder an die Filme von Terrence Malick. Doch sobald man die Realgeschichte ins gnostische Vexierbild »einliest«, öffnet sich ein Abgrund. Denn nun erscheinen die Demokratien England und Amerika als Mächte der Finsternis und treiben den Widerstand schicksalhaft aus sich hervor. Und wer leistet bei Kracht den finsteren Mächten Widerstand? Der eine ist natürlich der komische Engelhardt, der andere Adolf Hitler, der ebenfalls als komischer romantischer Künstler begonnen hatte. Der Roman entschuldigt nichts, und die Deutschen haben weggeschaut, als die Juden deportiert wurden. Auch wenn Krachts Kritiker Georg Diez mit Unterstellungen arbeitet und Figuren- und Erzählperspektive verdreht: Zu Recht skandalisiert er, dass Hitlers Aufstieg als notwendige, anfangs »komische« Reaktion auf den Nihilismus des Westens erscheint. Die Münchner Machtergreifung, heißt es in *Imperium*, wäre wohl durchaus »komödiantisch anzuschauen gewesen, wenn da nicht unvorstellbare Grausamkeit folgen würde: Gebeine, Excreta, Rauch«.

Schicksalhaft, wie ein Naturgeschehen, gehen auch die Weltkriege aus der Westmoderne hervor; die deutschen Romantiker haben entweder nichts damit zu tun, oder sie müssen, wie Engelhardt, zwangsläufig zu Antisemiten werden. Solche Passagen jonglieren tatsächlich mit dem geistigen Besteck der Rechten, mit einem Denken, das Deutschland zum Opfer der westlichen Moderne stilisiert, zum schuldig-unschuldigen Spielball auf der nihilistischen Bühne der amerikanischen Weltverfinsterung.

Man mag fragen, von welcher Welt der Roman träumt, wenn sein Vexierbild zur Ruhe kommt. Gewiss träumt er nicht von guten Demokraten, denn in *Imperium*, und das ist sein reaktionärer Strang, sind Demokratie und Kapitalismus offenbar zwei Masken desselben Verhängnisses. Wohl aber spricht aus dem Roman eine namenlose, nur zu verständliche Trauer über die entzauberte Welt, und so träumt er – durch seine Figur Engelhardt hindurch – von einer Erde, die nicht bis in den letzten Winkel kapitalistisch tätowiert und von Geld und Werbung beschlagnahmt ist.

Warum sich Kracht diese andere Welt nicht ausmalt, liegt auf der Hand: Er nimmt den Titel seines Romans ernst, das Imperium ist totalitär, es gibt keinen symbolischen Ort, keine Sprache außerhalb seines Herrschaftsbereichs. Deshalb macht sich Kracht daran, das Imperium durch Wiederholung zu dekonstruieren, er zeigt es als leere Tautologie, als Schlange, die sich selbst auffrisst und dabei immer denselben Film abspielt, den Sieg der Vernunft über einen verrückten Deutschen.

Damit wäre der Roman selbst der Seelenfunken in der Weltfinsternis. Durch die Totaldenunziation der Moderne soll ein

Gefühl des Mangels entstehen, der den fehlenden Sinn durch seinen Entzug präsent macht und die Leser spüren lässt, wie entfremdet sie sind. Dieses Gefühl der Leere wäre dann die Lücke, die *Imperium* in das Imperium schlägt. Wer auch das noch als Ironie verstehen will, der ist für Kracht vermutlich verloren, das Imperium hat ihn aufgefressen mit Haut und mit Haar.

THOMAS E. SCHMIDT
Zwei Nerds spielen bürgerliches Schreiben

*Der publizierte E-Mail-Wechsel zwischen
Christian Kracht und David Woodard ist urkomisch,
aber nicht zum Lachen*[10]

David Woodard erregt erstmals im September 1998 die Aufmerksamkeit der Presse, als er am Strand von Long Beach eine Totenmesse zu Ehren eines misshandelten Pelikans veranstaltet. Geld verdient er heute mit dem Bau von »Dreamachines«, von rotierenden Metallzylindern, in denen eine Lichtquelle eine Art Stroboskopeffekt hervorruft. Dies soll psychedelische Erlebnisse verschaffen. Woodard steht außerdem einem Kammermusik-Ensemble vor, das bevorzugt auf Begräbnissen spielt. Er komponierte ein Prequiem für den Oklahoma-Attentäter Timothy McVeigh und setzte alles daran, dass der Massenmörder diese Musik hören konnte, bevor die Giftspritze wirkte.

Aus der Ferne erscheint David Woodard wie einer jener skurrilen, hyperaktiven Bewohner des Großraums von Los Angeles, die Thomas Pynchon in seinen Romanen gelegentlich als Nebenfiguren einführt, um sie zehn Seiten später wieder zu vergessen. Ein Mann als Summe seiner Hyperaktivitäten. In seiner Eigenschaft als Stadtrat der kalifornischen Gemeinde Juniper Hill gelang es ihm, eine Städtepartnerschaft mit der deutschen Kolonie Nueva Germania im paraguayischen Dschungel zu organisieren, was die anderen Stadträte von Juniper Hill aber unterbanden, als sie merkten, dass öffentliche Gelder im Nazimilieu zu versickern drohten. Woodard unterstützt die Ko-

10 *Die Zeit*, 23. Februar 2012

lonie bis heute, er will eine lutherische Kirche sowie ein Bayreuther Festspielhaus en miniature dort bauen, er organisiert Reisen dorthin – und so tauchte er schließlich an den Rändern der deutschen Kultur auf: als E-Mail-Partner von Christian Kracht, der sich für die von Elisabeth Nietzsche und ihrem Mann gegründete Kolonie auch interessierte.

Man muss das nicht schön finden: Zwei schmale Männer mit schütterem Haar träumen von der arischen Zuchtstation, deren Reste und Bewohner heute in erbarmungswürdigem Zustand sind. Woodard wollte in der Nähe des Hauses, in dem der KZ-Arzt Josef Mengele (»Joe«) Unterschlupf gefunden hatte, Dreamachines bauen. Auf Pietät nehmen die beiden also keine Rücksicht, insbesondere nicht auf die offizielle deutsche.

Sobald Woodard in *Five Years* – unter diesem Titel ist der E-Mail-Wechsel 2011 im Wehrhahn Verlag erschienen – antisemitisches Vokabular einführen will, zuckt Kracht allerdings zurück. Hatte die Kolonie von vornherein etwas Irres, Fiktives, so betreiben Woodard und Kracht dessen Wiederauferstehung als Nachahmung all jener Aktivitäten, mit denen man tote Projekte wiederaufleben lässt: durch Charity-Aktionen und Studienreisen, durch Erinnerungskultur und Klinkenputzen bei den Mächtigen – so gelangte Woodard mit seinen Anschreiben bis ins Vorzimmer von US-Vizepräsident Cheney. Das Ganze ist eigentlich urkomisch, aber es ist nicht zum Lachen, Schtonk ohne Dietl.

Die Hyperaktivitäten um Nueva Germania stehen im Mittelpunkt des gesammelten E-Mail-Verkehrs zwischen Woodard und Kracht, in dem es ansonsten um Erkrankungen, Reiseplanungen und andere Nichtigkeiten geht. *Five Years* wird vom *Spiegel* als Nachweis des neonazistischen Gedankengutes zitiert, mit dem die beiden die deutsche Literatur infizieren wollen. Dieser Nachweis ist allerdings schwer zu führen, wenn es offensichtlich um die Erzeugung ästhetischer Mehrdeutigkeit geht.

Was geschieht da in den Jahren 2005/06? Zwei Performer begeben sich auf die Spur einer historischen Realität, die an sich schon wahnhafte Elemente enthält. Sie ahmen dabei eine heutige Sozialwelt nach, die ebenfalls selbstparodistische Züge trägt; und selbstparodistisch wirkt vor allem der Reflex, sofort die Naziglocke zu läuten. Doch dazu enthält das Buch tatsächlich zu wenige schlimme Stellen. Das Ganze ist eine Verdoppelung der Wirklichkeit als inszeniertes, leicht verschobenes Leben – mit dem Effekt, dass man als Betrachter lächelt oder verstört ist oder empört. Harald Schmidt arbeitet ähnlich.

Das Programm ist postromantisch: Wie ersetze ich Leben durch Kunst? Die Antwort hier: indem ich das Leben nachlebe, aber zwischen ihm und mir einen feinen Abstand lasse. Woodard und Kracht meinen sehr wohl, was sie sagen, aber was heißt bei ihnen »Meinung«, und wer sind »sie«? Das Spiel ist weitgehend – nicht ganz – verantwortungslos. Aber ist das alles so schlimm? Beide haben sich zu einer Existenzsimulation in Gestalt eines ruhelosen Reiselebens entschlossen: Es geht immer an besondere Ziele, ins Death Valley oder nach Tschernobyl, nach Transsylvanien oder Nordkorea, dorthin, wo die Bedeutungen schillern, an vergessene oder verborgene Orte.

Es sind Leben und Kunst am Rande starker ästhetischer und ideologischer Kosmen: Das Reich des Kim Yong-il fasziniert beide, Sekten und ihre Führer, Ersatzreligionen, ästhetische Politik. Es faszinieren aber auch das Scheitern dieser Utopien, die übrig gebliebenen Ruinen. Was die beiden von den Ästheten des 19. und 20. Jahrhunderts unterscheidet, ist der Verzicht auf die heroische Geste, das Stolze, Bürgererschreckende. Kracht und Woodard wirken leider so unbedeutend und auch so unfroh. Da ging der alte Bill Burroughs, den Woodard noch gekannt haben soll, höhere Risiken ein. Die Projekte der Nachgeborenen sind, bei allem Respekt, harmlos; groß ist nur die Angst, für ihre Übertretungen haftbar gemacht, be- und verurteilt zu werden, zumal von »Berlin's leftist style elite«.

Noch ein Wort zum Buch: An diesem Band, der als Briefwechsel deklariert ist, darf alles als Parodie gelten. Er hat Herausgeber, die ein seriöses Vorwort schreiben und die Mails wie Briefe philologisch aufbereiten. Ansonsten handelt es sich ebenso wenig um einen Gedankenaustausch unter Künstlern, wie der hohe Ton darüber hinwegtäuschen kann, dass hier im Wesentlichen heiße Luft ventiliert wird. Zwei Nerds spielen bürgerliches Schreiben.

Five Years ist ein Stück persifliertes 19. Jahrhundert. Und so tappt, wer das Buch als »Realität« liest, als die politische Aussage hinter der geschickt getarnten Geschichte, in die Archaismus-Falle. *Five Years* und *Imperium* verhalten sich nicht zueinander wie Roman und Kommentar. Richtig: Es ist alles nur Parodie. Aber es hat mit Witzigkeit nichts zu tun, nicht mit Entertainment oder subtilem Dada. Den beiden ist es ernst, so ernst wie mit der Trauer um den toten Pelikan am Strand.

JAN SÜSELBECK
Im Zeichen von Elisabeth Förster-Nietzsches Yerba-Mate-Tee

Ein Kommentar zur Debatte um Christian Krachts Roman Imperium *und zu seinem Briefwechsel mit David Woodard*[11]

Das Herannahen der Leipziger Buchmesse wurde in den letzten Wochen durch eine der heftigsten Presse-Debatten seit der um Helene Hegemanns »Plagiats«-Roman *Axolotl Roadkill* (2010) begleitet. Es ging um Christian Krachts pünktlich zur Messe bei Kiepenheuer & Witsch erschienenen Roman *Imperium*, der von dem Südsee-Aussteiger und Antisemiten August Engelhardt handelt. In einem für das Magazin *Der Spiegel* selten ausführlichen Verriss hatte der Kritiker Georg Diez dem Autor Kracht wegen dieses Romans, aber auch im Blick auf andere Publikationen die Verbreitung eines totalitären Weltbilds vorgeworfen.

Dass der Artikel von Diez teilweise auch etwas ungeschickt formuliert war und sich deshalb in geradezu rätselhaften Sprachbildern erging, fiel bei der postwendend entstandenen Aufregung in der Presse kaum noch jemandem auf. Da kräuselt sich Krachts Sprache »sanft wie Wellen, die auf den Horizont zulaufen« – und durch diesen »schönen Wellenschlag der Worte scheint etwas durch, das noch nicht zu fassen ist«. Bildlich vorstellen kann man sich das nun wirklich nicht mehr: Kracht kaschiere »den Kern seines Schreibens und Denkens« in einem »semantischen Strudel«, raunt Diez im offensichtlichen Bemühen, den Roman über die Welt der Südsee mit Metaphern aus

11 *literaturkritik.de*, 27. Februar 2012

der Isotopie- und Bedeutungsebene des Wassers und des Meeresklimas zu beschreiben. Deshalb kann sich Kracht dann bei ihm sogar »leicht in seinen Literaturgewittern verstecken«.

Merkwürdig erscheint bei genauerem Nachdenken auch der gewiss irgendwie sinnbildlich gemeinte, jedoch räumlich nur schwer imaginierbare und daher unklare Vorwurf: »Krachts Koordinaten waren immer Vernichtung und Erlösung.« Was hat hier die Vernichtung genau mit der Erlösung zu tun? Wer wird denn bei Kracht *vernichtet* und wer *erlöst*? Auch der darauf folgende Satz gibt darüber keinen Aufschluss, sondern konstruiert erneut ein seltsam blumig anmutendes Sprachbild: »Er platzierte sich damit sehr bewusst außerhalb des demokratischen Diskurses.«

Da sitzt er also nun, der Kracht. Bis hin zu Thomas Steinfeld in der *Süddeutschen Zeitung*, dem perlentaucher.de bescheinigte, die gesamte Pressedebatte vom »Feldherrenhügel« aus kommentiert zu haben, zitierten die Redakteure gebetsmühlenhaft Diez' für zentral gehaltenen Vorwurf, Christian Kracht sei ein »Türsteher der rechten Gedanken«. Was aber, musste man sich immer irritierter fragen, während man die Stilblüte in allen Blättern und in steter Regelmäßigkeit wiederholt fand, sollte eigentlich ein »Türsteher der rechten Gedanken« sein?

Wollte Diez etwa Franz Kafkas legendären Rätseltext *Vor dem Gesetz* (1915) zitieren, in dem ein finsterer Türhüter mit einem tartarischen Bart den Eingang zum Gesetz versperrt, in das ein einfältiger Mann vom Lande vergeblich Einlass begehrt? Sollen wir uns den eher zartgliedrigen Christian Kracht also als einen wachsamen Wächter vorstellen, der irgendwo in Zwickau in seiner Barbourjacke vor einer Skinhead-Disco misstrauisch die Leute mustert, damit auch ja keine Figur wie der zwielichtige Tamile Govindarajan aus *Imperium* dort hereinkommt? Oder soll Kracht ein literarischer *Gatekeeper* sein, der vor dem gesamten deutschsprachigen Literaturbetrieb Aufstellung genommen hat und heimlich die ganzen »rechten Gedanken« einlässt, damit »totalitäres Denken seinen Weg findet hinein in den Mainstream« (Diez)?

Dies waren allerdings ganz und gar nicht die Fragen, welche die Öffentlichkeit beschäftigten und die bald auch einige AutorInnen auf den Plan riefen: Ein offener Brief von 17 SchriftstellerInnen an den *Spiegel*, den unter anderem auch Elfriede Jelinek unterzeichnete, machte eine ›Sub-Debatte‹ über die Rolle der Literaturkritik auf. Meinten die UnterzeichnerInnen doch, mit seinem Artikel »Die Methode Kracht« habe Diez »die Grenzen zwischen Kritik und Denunziation überschritten«. Der Vorwurf lautete: »Äußerungen von literarischen Erzählern und Figuren werden konsequent dem Autor zugeschrieben und dann als Beweis einer gefährlichen politischen Haltung gewertet. Wenn diese Art des Literaturjournalismus Schule machen würde, wäre dies das Ende jeder literarischen Phantasie, von Fiktion, Ironie und damit von freier Kunst.«

Iris Radisch antwortete darauf in der *Zeit*: »Die Autoren, die den Kritiker nun bei seinem obersten Dienstherrn, nein, nicht denunzieren, aber doch anklagen, maßen sich aber ebenfalls etwas an: Sie glauben zu wissen, was in der Literaturkritik erlaubt und was verboten ist.« Die Literatur sei »kein ästhetischer Schutzwall, hinter den kein Kritiker mehr einen Blick werfen darf, ohne Angst vor Beschwerden bei seinen Vorgesetzten haben zu müssen. Wenn Literaturkritik so wäre, wie die Absender des Protestbriefes sie sich wünschen – peinlich darauf bedacht, keinen Seitenblick auf die wirkliche Welt hinter den Buchseiten zu wagen –, wäre sie zahnlos, langweilig und ohne jeden gegenwartsdiagnostischen Sex-Appeal.«

Darüber hinaus stellt sich aber auch die Frage, inwiefern die Unterzeichner des offenen Briefs an den *Spiegel* überhaupt die notwendige Unabhängigkeit für ein derart dramatisches Statement, das fast schon der Prophezeihung eines Untergangs des Abendlandes gleichkommt, für sich reklamieren können. Fanden sich doch darunter so notorische Betriebsnudeln und penetrante Kollegen-Lober wie der Bestseller-Autor Daniel Kehlmann. Der Publikationsort – zufälligerweise die eigene Website des Verlags Kiepenheuer & Witsch – war auch nicht gerade neutral. Unter anderem unterschrieb den Brief auch noch der Suhrkamp-Autor Rafael Horzon, der in einem weiteren, dieser Tage zur Rede stehenden Buch Krachts vielfach genannt wird – nämlich in dem Briefwechsel mit dem Titel *Five Years*, der bereits 2011 im Wehrhahn Verlag erschien. Darin finden sich Mails, die Kracht und der Künstler David Woodard zwischen den Jahren 2004 und 2007 gewechselt haben, herausgegeben von den Germanisten Johannes Birgfeld und Claude D. Conter.

Wie dieser Edition zu entnehmen ist, plante »Mr. Rafael Horzon, founder of Redesigndeutschland«, im Dezember 2005 für das Folgejahr zusammen mit Kracht und dem erklärten Timothy-McVeigh-Fan Woodard einen zweistündigen Vortragsabend in seiner Berliner »Wissenschaftsakademie«. Für die Veranstaltung überlegte sich Woodard zunächst den erstaunlichen Titel: »An Evening Devoted to Elisabeth Förster-Nietzsche and Nueva Germania«. Dazu muss man wissen, dass Elisabeth-Förster Nietzsche, die Schwester Friedrich Nietzsches, rabiate Antisemitin war und mit ihrem noch antisemitischeren Mentor und Ehemann Bernhard Förster in Paraguay die »rassisch reine« Siedlung »Nueva Germania« gründete, in der später unter anderem auch der berüchtigte Auschwitz-Täter Josef Mengele Unterschlupf gefunden haben soll, wie Woodard im *Briefwechsel* immer wieder bedeutungsschwanger erwähnt.

Woodard, dem Diez in seinem holprig formulierten *Spiegel*-Artikel einen »sehr vagabundierenden Kopf« andichtet, firmiert in dem *Briefwechsel* wahlweise als ›Komponist‹, ›Dirigent‹ oder auch als Bürgermeister der kalifornischen Stadt Juniper Hills. Der Freund Krachts setzte sich zu dem Zeitpunkt bereits seit Jahren für die Siedlung ein und bot Führungen durch das Gebiet an, die damit warben, dass man dort das Haus Mengeles besichtigen könne.

Den Verlauf der Veranstaltungsplanung bei Horzon kann man in *Five Years* minutiös nachlesen. Schließlich treten Dr. David Woodard, Christian Kracht und Christian von Borries am 19. März 2006 in Horzons sogenannter »Elite Universität« im Rahmen eines Studiengangs zu dem sinnigen Forschungsfeld »Anthropologie« mit dem vorsichtigerweise dann doch etwas neutraler klingenden Thema »Nueva Germania – Gescheiterte Eugenik im Dschungel Paraguays« auf.

Gewiss: Es mag nicht ohne eine gewisse Komik sein, dass Woodard hier auch als Promoter von Elisabeth Nietzsches Yerba-Mate-Tee fungierte: Für das »Seminar« inklusive »Scheinvergabe« interessierte sich – den online stehenden Fotos nach zu urteilen – neben dem Autor Ingo Niermann, der in der ersten Reihe mit bierernster Miene, rosa Pulli und rotem Schal zu erkennen ist, vielleicht deshalb auch ein ergriffen wirkendes Publikum im braven Kirchentags-Outfit. Zudem ist die Aufzählung der Kooperationspartner des Events purer Nonsens, wie er etwa auch in einer der berühmt-berüchtigten Fußgängerzonen-Aktionen des Satiremagazins *Titanic* vorkommen könnte: »Unterstützt wird diese städtepartnerschaftliche Kooperation durch den Vizepräsidenten der Vereinigten Staaten Dr. Dick Cheney, durch den Präsidenten der Republik Paraguay Dr. Nicanor Duarte Frutos, das Goethe-Institut Los Angeles, die ›Plasticos-Foundation‹, die Zeitschrift *Der Freund*, sowie durch die kulturelle Mission der Demokratischen Volksrepublik Korea in Paraguay.« Am 28. Februar 2006 schreibt Kracht dazu in diebischer Vorfreude an Woodard: »I feel that Germans like to be embedded in a mossy nest of institutions and esteemed personages and thus we will get press coverage and hate mail.«

Derartige, mehr oder weniger witzige Provokationen, die möglicherweise vielen der ahnungslosen Besucher noch nicht einmal aufgefallen sind und sie zu unfreiwilligen Teilnehmern eines bereits jetzt literaturgeschichtlich relevant gewordenen

Happenings machten, sind für Kracht & Co. typisch. So fasste David Hugendick die Sachlage auf *Zeitonline* wie folgt zusammen: »Gewundert haben sich auch andere immer wieder mal, was Kracht zum Beispiel auf den Spuren des Chefsatanisten Aleister Crowley suchte und zu finden glaubte. Was er meinte, als er Nordkorea einmal als eine gigantische Inszenierung bezeichnete. Und wieso er die Anschläge des 11. September 2001 in die Nähe des camp rückte. Das popkulturelle Quintett Tristesse Royal, worin Kracht mitwirkte, endete mit einer Reise zu den Killing Fields in Kambodscha. Sein Roman *1979* beschreibt die heilsame Auslöschung eines wohlstandsverwahrlosten Europäers in einem chinesischen Umerziehungslager. Auf dem Erzählband *Mesopotamia* posiert er mit Kalaschnikow unter düsterem Tropenhimmel. Und so weiter.«

Fragen, die sich der Literaturkritiker angesichts solcher (Selbst-)Inzenierungen und Publikationen allerdings dennoch stellen darf und vielleicht sogar muss, lauten: Was haben die »ironisch unverbindlichen Ausflüge«, wie sie Hugendick in seinem für die Debatte um *Imperium* so exemplarischen Plädoyer für Kracht nennt, aber dann eigentlich genau für die Rezipienten zu bedeuten? Was ist daran »streitbar« (Hugendick)? Soll man darüber lachen, weil es »vergnüglich« ist, in scheinbarer Ernsthaftigkeit mit rassistischen und antisemitischen Sinnangeboten hausieren zu gehen? Inwiefern? Wieso ist es überhaupt, wie Hugendick meint, so »wohlfeil« zu betonen, dass man solche literarischen und ›performativen‹ Kokettierereien mit faschistischen Attributen und Gesten so skandalös findet, wie Diez dies in seinem Artikel getan hat? Prügel bezogen hat in der bisherigen Debatte schließlich vor allem Georg Diez – nicht aber Christian Kracht, dessen Roman nun auf der Bestseller-Liste im *Spiegel* auftaucht und dem das deutschsprachige Feuilleton beinahe einhellig zu Füßen liegt.

Klar werden sollte man sich vielleicht zunächst einmal über die grundsätzlichen *Wertungsverfahren*, mit denen solche Fragen in der Deutung literarischer Texte und ihrer Kontexte verhandelbar sind: Was Kracht selbst hier und da eventuell ›meint‹ und inwiefern er tatsächlich ein Ironiker ist, der niemals auch nur irgendetwas im Ernst schreibt, ist dabei ziemlich Wurst: Es sollte vor allem um die *Wirkung* seiner Provokationen und um die möglichen *Rezeptionsweisen* seiner erfolgreichen Inszenierungen gehen. Wenn etwa in einem Roman wie Krachts »Ich werde hier sein im Sonnenschein und im Schatten« (2008) Elemente des Literarischen Antisemitismus auftauchen – also vor allem genuin *textuelle* Phänomene, wie sie die Germanistik seit Mark H. Gelbers Aufsatz »What Is Literary Antisemitism?« (1985), besonders aber seit den späten 1990er-Jahren immer stärker zu beachten und zu untersuchen begonnen hat, so interessiert sie sich vor allem für die *Werke* und deren mögliche *Kapazität*, Leser von antisemitischen Einstellungen zu überzeugen.

Mit den Worten des Soziologen Klaus Holz: »Die Rekonstruktionen haben die antisemitische Semantik, die in der Form von Texten vorliegt, nicht Antisemiten zum Gegenstand. Die Frage ist nicht, ob beispielsweise [Heinrich von] Treitschke Antisemit war oder was er ›eigentlich‹ sagen wollte. Vielmehr untersucht die Textanalyse, ob, *was* er schrieb und *wie* er es schrieb, objektiv, seinem Sinngehalt nach, antisemitisch war – ob er dies nun wußte oder wollte oder nicht. Dies wird in der Antisemitismusforschung, insbesondere in interpretativen Arbeiten, häufig durcheinandergeworfen.«

Man darf hinzufügen: Diesen Mangel an verfahrenstechnischer Reflexion findet man eben nicht nur in der soziologischen und historiographischen Antisemitismusforschung, sondern auch immer noch bei vielen Literaturwissenschaftlern, und – *last, but not least* – in der Literaturkritik, wie man ja gerade an der aktuellen Debatte wieder eindrucksvoll ablesen konnte. Die Frage an den Roman *Imperium* müsste also weniger die sein, ob sich darin der Autor Christian Kracht selbst als ›Demokratiefeind‹ (oder gar als ominöser »Türsteher der rechten Gedanken«) zu erkennen gebe. Vielmehr wäre zunächst einmal zu eruieren, inwiefern der Roman die in ihm vorkommenden rassistischen Darstellungen und Figurenaussagen, und zwar unter Berücksichtigung der genaueren Figurenkonstellationen und Figurenkonfigurationen, gegenüber dem Leser eventuell *affirmiert* – oder ob er sie etwa im Blick auf das Ensemble des Gesamttextes und seiner relevanten Kontexte nur *neutral* oder sogar *distanziert* darstellt.

Diese nicht eben unerheblichen Feinheiten sind in den letzten Tagen und Wochen in der Kracht-Debatte jedoch weitgehend untergegangen und schon gar nicht näher untersucht worden. Seltsame Orakeleien wie die von Jakob Augstein bei *Spiegel Online* bringen uns da jedenfalls nicht wesentlich weiter: »Vielleicht ist Kracht ein Faschist der Literatur, im Sinne Sloterdijks, der sich dem gleichen Vorwurf ausgesetzt sah und gesagt hat: ›Der Faschismus ist ein Expressionismus, während der Humanismus im Grunde ein Erziehungs- und Optimierungsprojekt ist.‹«

Daraus folgen aber noch einmal weitere Fragestellungen: Gibt es vielleicht Kracht-Leser, die seine Bücher aus ganz anderen Gründen für gelungen halten als die noblen deutschen LiteraturkritikerInnen – und zwar aufgrund von Lesarten, die der Text durch die ihn bestimmenden Motive und Darstellungsweisen unterstützt? Gibt es eventuell Bedeutungsebenen in *Imperium*, die das deutschsprachige Feuilleton in seiner Bewertung des Romans aufgrund eines spezifischen gruppenbezogenen Verhaltens- und Wertungskodex, den man unter KollegInnen tunlichst einzuhalten hat, um nicht wie Diez an den Pranger gestellt zu werden, lieber stillschweigend ausblendete? Sicher hat auch Diez Verfahrensfehler begangen, weil er von dekontextualisierten Zitaten des Romans sofort auf die persönliche politische Einstellung des empirischen Autors Kracht schloss. Jedoch kommt ihm der Verdienst zu, ein wichtiges Grundproblem in der Deutung von Krachts Literatur endlich auch einmal einem breiteren Publikum ins Bewusstsein gerückt und damit zur Diskussion gestellt zu haben.

Um nur ein Beispiel zu nennen: Am 11. April 2010 um 17:21 Uhr postete ein gewisser Salvatore Frangipani die radebrechende Aufforderung auf Krachts Facebook-Seite:

> Können Sie eine spannende Geschichte schreiben über irgend welche Bergsoldaten, die im zweiten Weltkrieg Goldzähne zu Barren verschmolzen haben, und über Komunisten, die erschossen wurden, weil man noch keine Ausländer hatte.

Wieso, kann man sich fragen, könnte oder sollte Kracht nach Meinung dieses Lesers einen solchen Text schreiben? Fand er dazu etwa Anhaltspunkte in Krachts Werk, die mit literaturwissenschaftlichem Instrumentarium auf irgendeine Weise nachweisbar wären?

Wegen der teils klandestinen Umgangsformen im Internet, die es ermöglichen, mit falscher Identität zu kommunizieren, wäre es theoretisch auch möglich, dass Christian Kracht sich den Leserbrief von Frangipani einfach selbst geschrieben hat. Das wäre allerdings keine Entschuldigung, sondern würde die Problematik der ganzen Sache sogar noch verschärfen: Wie Thomas Assheuer in der *Zeit* richtig bemerkt hat, kann die Ironie der Ironie in einem Werk auch dazu führen, dass die Geschichte langsam wieder ernst zu werden droht. Dies gilt in der Konsequenz für das ›Gesamtkunstwerk Christian Kracht‹ in *allen* seinen (virtuellen) Erscheinungsformen.

Nun kann ein Autor gewiss nichts dafür, dass sich im Internet lauter dubiose Leute tummeln und alle ihnen verfügbaren Kommentarspalten manisch mit rassistischen Ressentiments volltippen. Aber selbst wenn Kracht gar nicht reflektiert haben sollte, wie seine Texte, die in aufreizender Weise mit rassistischen Botschaften hantieren, irgendwo ›da draußen‹ tatsächlich wahrgenommen werden könnten – selbst *dann* muss er als Schriftsteller, der mit solchen massiv irritierenden Texten an die Öffentlichkeit herantritt, damit rechnen, dass auch die Literaturkritik und die Literaturwissenschaft irgendwann einmal anfangen könnte, genauer danach zu fragen: Es ist ganz einfach Teil des Jobs und damit eines jener spezifischen Berufsrisiken, denen sich ein Schriftsteller souverän zu stellen hat.

Dies gilt im Übrigen auch für vergleichbare Fälle im ›Kracht-Orbit‹, wie etwa den Versuch Ingo Niermanns und Alexander Wallaschs, mit ihrem Roman *Deutscher Sohn* (2010) die Provokation mit deutsch-religiösen Kokettiereien so weit zu treiben, dass daraus ein einträglicher Skandal für sie hätte herausspringen können – etwa dem vergleichbar, der Kracht nun einen tatsächlichen Bestseller beschert hat. Das gelang dem offenbar an Strategien Krachts orientierten Autoren-Duo allerdings nur halb: Aufgrund eines Verrisses in der *taz*, der mit der *wirkungsbezogenen* Hypothese schloss, der Roman könne auch für NPD-Wähler eine interessante Lektüre darstellen, beschwerte sich Wallasch bei der *taz*-Redaktion. Daraufhin wurde zwar eine von Feuilleton-Redakteur Dirk Knipphals und dem *taz*-Chefreporter Peter Unfried moderierte Podiumsdiskussion zwischen Niermann, seinem Kritiker und dem Popliteratur-Spezialisten Moritz Baßler im *taz*-Café organisiert. Damit hatte sich die Aufregung seinerzeit allerdings auch schon wieder: Der Roman *Deutscher Sohn* wurde danach kaum noch weiter diskutiert, weil die Aufmerksamkeitsspanne der Presse schlicht zu Ende war. Dennoch wurde damals bereits schon einmal kurz und gewissermaßen ›im Kleinen‹ jene Debatte über das Für und Wider moralischer Bewertungen von Literatur durchgespielt, die nunmehr im Fall von *Imperium* eskaliert ist. Selbst Georg Diez war damals bereits als Diskutant im *taz*-Café angekündigt, tauchte aber ebenso wenig auf wie der empörte Roman-Co-Autor Alexander Wallasch.

Wie dem auch sei: Vielleicht geht die Kracht-Debatte, die zu Beginn mehr aus einem allgemeinen ›Abwinken‹ zu bestehen schien, aber dann doch immer ernsthafter wurde und merklich an Intensität gewann, in den nächsten Tagen und Wochen ja noch einmal ein wenig weiter. Die Redaktion von *literaturkritik.de* wird die Sache jedenfalls gespannt verfolgen – siehe hierzu in der vorliegenden Ausgabe auch die ausführliche Rezension zu *Imperium*.

Wilhelm Raabe, *Reiterkampf in der Wüste*

GEORG DIEZ
Meine Jahre mit Kracht

Hat der Spiegel *Rufmord begangen am Schriftsteller Christian Kracht? Ihn denunziert? Eine Antwort des Kritikers Georg Diez an seine Kritiker*[12]

Was ist da genau passiert? Ein Schriftsteller hat einen Roman geschrieben. Ein Kritiker hat diesen Roman gelesen und etwas über diesen Roman und das weitere Werk des Schriftstellers geschrieben. Dafür ist er angegriffen worden. Der Verleger sprach von Denunziation, Journalisten von Rufmord, ein paar Schriftsteller sahen die Freiheit der Kunst in Gefahr, und die Nobelpreisträgerin Elfriede Jelinek stellte fest: »Einer von uns ist verrückt, entweder Herr Diez oder ich.«

Vor zwei Wochen erschien mein Text über Christian Kracht, mit dem ich Kracht weder denunzieren noch ausgrenzen wollte. Ich wollte ganz einfach meinem Unbehagen auf den Grund gehen.

Ich habe Christian Krachts Texte seit 1995, als sein Roman *Faserland* erschien, mit Sympathie und Spannung gelesen, ich habe ihn ein paarmal getroffen, wir haben gemeinsame Freunde, unsere Bücher sind im selben Verlag erschienen, ich habe seine vorherigen Romane positiv besprochen, *1979* aus dem Jahr 2001 und *Ich werde hier sein im Sonnenschein und im Schatten* aus dem Jahr 2008, obwohl ich damals schon ein Unbehagen verspürte, das ich aber nicht benennen konnte.

Das Unbehagen, dem ich in meinem Text auf den Grund gehen wollte, war auch ein Unbehagen an mir und an dem, was ich bislang in diesem Werk gesehen oder übersehen hatte.

---

12 *Der Spiegel*, 27. Februar 2012

Ich hatte also eine Vorgeschichte, als ich den Roman *Imperium* las. Und ich las, parallel dazu, den E-Mail-Wechsel *Five Years* zwischen Christian Kracht und David Woodard, der vergangenes Jahr im Wehrhahn Verlag erschienen ist. Ich las den Roman unter dem Eindruck dieser E-Mails, und ich verstand auf einmal, woher mein Unbehagen kam. Ich entschied mich deshalb, einen Text zu schreiben, der keine Rezension des Romans sein sollte, sondern den Schriftsteller Kracht in seinem Kontext beschreibt. Es ging nicht nur um ein Buch, es ging um die Gedankenwelt eines Autors.

Das Vorgehen war erst einmal journalistisch. Ich habe recherchiert und zusammengefügt. Ich habe nachgeschaut, wer die Personen sind, über die sich Kracht und Woodard austauschen, der nordkoreanische Diktator Kim Jong-il etwa oder der KZ-Arzt Josef Mengele, der in diesem E-Mail-Wechsel schon mal »Joe« genannt wird. Aber auch abseitigere Figuren wie der norwegische Rechtsradikale Tord Morsund oder der russische Nationalist Alexander Prochanow, den Kracht einen »großartigen Freund« nennt. Ich habe versucht, den Ton dieser E-Mails zu verstehen, der intim ist und gut gelaunt, getragen vom Verständnis, dass man das Gleiche will.

Und ich habe Verbindungen gesehen zwischen Krachts Faszination für die gescheiterte Arier-Exklave Nueva Germania im Dschungel Paraguays und dem Sujet seines Romans *Imperium*. Dort erzählt Kracht die Geschichte des Zivilisationsflüchtlings August Engelhardt, der Anfang des 20. Jahrhunderts eine deutsche Heils- und Erlösungssekte in der Südsee gründet und im Wahnsinn und Antisemitismus endet.

Genau das aber dürfe man nicht tun, Verbindungen herstellen zwischen Kunst und Leben, zwischen Autor und Erzähler, hieß es dann in vielen Erwiderungen und in den Kritiken, in denen der Roman dezidiert außerhalb dieses Kontextes rezensiert wurde: Hier würden »die Grenzen der Literaturkritik« gesprengt, so formulierte es der Verlag Kiepenheuer & Witsch in einer Presseerklärung. Man dürfe den Autor nicht mit dem Erzähler gleichsetzen. Aber bedeutet das, dass man den Erzähler ohne den Autor verstehen muss? »Das ist zwar korrektes Literaturseminarwissen«, stellte vergangene Woche Iris Radisch in der *Zeit* fest, »aber dennoch Unsinn.«

Journalismus, soll das heißen, ist etwas anderes als Germanistik. In der *Frankfurter Allgemeinen* schrieb die Literaturchefin, die den Roman vorher gelobt hatte, in einem Kommentar von »entlegenen Zitaten«, als ob nicht jeder dieses E-Mail-Buch bestellen könnte. Und die *Süddeutsche Zeitung* verschwieg in ihrer Kritik, dass es sich um ein veröffentlichtes Buch handelte. Ich hatte den Eindruck, dass man mit einem formalen Argument vermeiden wollte, sich auf die inhaltliche Auseinandersetzung einzulassen.

Und das ist ja der eigentlich interessante Punkt bei der Diskussion, die vor allem um meine sehr zugespitzte Formulierung von Kracht als »Türsteher der rechten Gedanken« kreist. Das Bild ist schief, sollte aber Christian Kracht nicht verletzen. Mir ging es um etwas anderes: Was ist heute rechts? Wie zeigt sich rechtes Denken und an welchen Orten? Überraschend für mich war, dass »rechts« im Jahr 2012 immer noch so ein Schreckenswort ist – und ein Verlag den Eindruck hat, wenn einer seiner Autoren so bezeichnet wird, werde er denunziert.

Warum ist das immer noch so, fast 20 Jahre nachdem Botho Strauß in seinem *Spiegel*-Essay *Anschwellender Bocksgesang* für sich das Recht einforderte, ein rechter Schriftsteller zu sein, mehr noch: »Rechts zu sein, nicht aus billiger Überzeugung, aus gemeinen Absichten, sondern von ganzem Wesen«? Der Aufschrei war groß, aber es schien, dass die Diskussion den Blick darauf geweitet hatte, dass es, natürlich, rechtes Denken in Deutschland gibt – das sich wiederum von rechtsradikalem Denken unterscheidet.

Rechtes Denken hat in Deutschland eine Tradition, die sich

mit Namen wie Ernst Jünger, Carl Schmitt, Martin Heidegger oder Gottfried Benn verbindet. Im Nachkriegsdeutschland war es weitgehend tabuisiert, verschwunden war es nie. Nach der Wiedervereinigung hatte rechtes Denken eine neue Form und Gestalt, im Jahr 2005 etwa wurde es beim Schriftsteller Uwe Tellkamp und dessen Roman *Der Eisvogel* gefunden, was eine Debatte auslöste, auch das Wort »demokratiefeindlich« fiel – aber niemand kam damals auf die Idee, dass das Urteil »rechts« ausreicht, jemanden aus dem »Kosmos der deutschsprachigen Literatur« auszugrenzen, wie das der Verlag Kiepenheuer & Witsch 2012 befürchtet.

Was hat sich geändert? Schriftsteller wie Botho Strauß hatten schon immer einen Hang zum Erhabenen – vielleicht auch als Reaktion darauf, dass sich das Land, die alte BRD, gern kleiner machte, als sie tatsächlich war, weniger gefährlich, weniger mächtig. Dieses Abtauchen ist nicht mehr möglich, die Jahre 2008 bis 2012, zwischen Wirtschafts- und Finanzkrise und Euro-Debakel, haben das Gefahrenbewusstsein und das Krisengefühl wachsen lassen. Deutschlands Macht und Größe sind real. Es gibt echte Risse im Gebäude des Westens. Man kann, wie Alexander Kluge, darüber nachdenken, ob das gerade eine neue Vorkriegszeit ist. 2012 wäre dann 1912. Wir leben in einer nervösen Demokratie.

Und, vielleicht gehört das sogar zusammen, wir leben auch in Zeiten neu erwachender Demokratie – von Nordafrika über Occupy Wall Street bis zu der Graswurzel-Opposition gegen Wladimir Putin. Wir leben in einer Zeit, die sich aus der Postmoderne entfernt. Wir können versuchen, auszubrechen aus der »Hölle der Ironie« des Christian Kracht, so hat Antonia Baum das in der *Frankfurter Allgemeinen Sonntagszeitung* genannt.

Diese Jahre zwischen 2008 und 2012, zwischen Krachts vorherigem Roman *Ich werde hier sein im Sonnenschein und im Schatten* und *Imperium*, haben meinen Blick verändert. Für mich stellt sich Krachts Werk heute anders dar. Ich jedenfalls kann Imperium nicht mehr mit der Brille der Ironie lesen.

Was also ist rechts, heute? »Rechts« ist ein schwieriges Wort, weil es einerseits nichts bedeutet – maximale Sinnentleerung; und weil es andererseits alles bedeutet – maximale Schadenswirkung.

Die aufgeregte Reaktion auf meinen Türsteher-Vergleich weist auf die Angst hin, dass man eventuell etwas gegen den Roman *Imperium* tun müsste oder ihn erst gar nicht veröffentlichen dürfte, wenn der Vorwurf stimmen sollte – was ich gar nicht meine: Natürlich soll der Verlag so ein Buch veröffentlichen, natürlich sollen die Leser den Roman lesen. Sie können ihn sicher auch als »lässigen Abenteuerroman« (*Frankfurter Allgemeine*) lesen, als Satire auf deutsche Großmachtphantasien, als Vexierbild, als Kakophonie verschiedener von einem kunstfertigen Schriftsteller eingesetzter Stimmen, ein orchestrierter Kommentar zu den nahenden Katastrophen des 20. Jahrhunderts. Es gibt so viele Lesarten eines Buchs, wie es Leser gibt.

Was heute rechts ist, hat Thomas Assheuer vergangene Woche, ebenfalls in der *Zeit*, noch einmal am Beispiel von *Imperium* beschrieben: antimodern, antiamerikanisch, zivilisationsfeindlich, freiheitsfeindlich, totalitär, antiindividualistisch, nihilistisch.

»Es gibt viele Möglichkeiten, der modernen Gesellschaft den Spiegel vorzuhalten«, schreibt Assheuer, »aber Kracht hat die schärfste Variante gewählt, nämlich den gnostischen Dualismus. In diesem Denken ist die Moderne eine Hölle, die von finsteren Mächten beherrscht wird, und nur eine Handvoll Wissender«, so beschreibt er das Geheimbündlerische um Kracht herum, »tragen noch den Funken der Wahrheit in sich.«

Natürlich ist Christian Kracht kein Nazi, kein Rechtsradikaler, kein Faschist. Christian Kracht ist nicht einmal ein politischer Autor. Das muss er auch nicht sein, um dennoch eine politische Wirkung zu haben, politisch lesbar zu sein. Man kann sogar sagen, dass ein Schriftsteller letztlich nicht dafür verantwortlich gemacht werden kann, was die Welt aus seinem Werk macht – es lohnt sich aber doch zu beschreiben, wer sich diese Bücher zu eigen macht und wie sie wirken.

Krachts Nordkorea-Buch zum Beispiel ist in Amerika in einem Verlag namens Feral House erschienen, der Verschwörungsliteratur veröffentlicht, Bücher über Serienmörder und Satanismus oder die Pamphlete des Unabombers Ted Kaczynski. Und das Cover der russischen Ausgabe von *1979* sieht aus, als hätte Leni Riefenstahl es selbst gestaltet: ein blonder, blauäugiger Junge, mit leichter Untersicht porträtiert, im Hintergrund stiefeln Islamkrieger über die amerikanische Fahne. All das, die Ikonographie, die Selbststilisierung, die E-Mails, die Romane, so geht das Argument derjenigen, die Kracht verteidigen, all das lasse keine Rückschlüsse auf die wahre Person Christian Kracht zu, wie die Herausgeber von *Five Years* im Vorwort schreiben.

Alles nur ein Spiel? Was ist aber, wenn man diesem Argument nicht folgen will? Wenn dieses Argument einen einfach nicht überzeugt? Eine Parodie auf was? Ein Spiel wozu? Was wäre das für ein Spiel? Was wäre der Zweck? Und was ist, wenn man denkt, dass dieses Spiel nicht funktioniert? Soll man dann schweigen, weil es zu den Spielregeln gehört, dass alle dieses Spiel mitspielen müssen? Was ist, wenn man dieses Spiel bescheuert findet?

Vielleicht ist es lustig, wenn Kracht im E-Mail-Wechsel schreibt, er habe »fast sieben Jahre lang« die Website www.vril.de betrieben: Vril ist ein Wort aus Edward Bulwer-Lyttons wohl satirischem Roman *Das kommende Geschlecht* von 1871. Vril bezeichnete eine geheimnisvolle Kraft und wandelte sich im Laufe des 20. Jahrhunderts zum Schlüsselbegriff eines angeblich existierenden rechten Geheimbundes, der sich mit Nazi-Ufos beschäftigt und die Nähe zur NS-Führungsriege gepflegt haben soll.

Vielleicht ist es lustig, wenn Kracht Sheela Birnstiel, die »in einem ersten Akt von biologischem Terrorismus« mehr als 700 Menschen mit Salmonellen infiziert haben soll, als sie noch Ma Anand Sheela hieß und eine Bhagwan-Jüngerin war, eine »stilvolle & düstere Frau« nennt. Vielleicht ist es lustig, wenn man mit dem ganzen Nueva-Germania-Spaß Spinner anlockt, die sich für Wagner, Nietzsche, den völkischen Esoteriker Guido von List und das »white race movement« interessieren.

Vielleicht ist das wirklich Kunst. Vielleicht ist es wirklich lustig. Vielleicht bin ich wirklich verrückt, wie Elfriede Jelinek vermutet. Aber ich sehe hier Irrationalismus, Angstbesessenheit, Todesgier, schlechten Humor – ich sehe hier ein Spiel, das gern ein gefährliches Spiel wäre, weil es mit Gedanken operiert, die angeblich verboten sind.

Sie sind aber nicht verboten. In der Literatur ist nichts verboten. Das muss man vielleicht den 17 Schriftstellerinnen und Schriftstellern noch mal sagen, die mit ihrem offenen Brief an den *Spiegel*-Chefredakteur Georg Mascolo gezeigt haben, dass sie ihrerseits viel halten von der Freiheit der Kunst, aber möglicherweise nicht ganz so viel von der Freiheit der Kunst-Kritik. Es ist auch nicht rechtsradikal, dieses Spiel von Kracht.

Es ist nur rechts. Entweder ist es ein rechtes Spiel, oder es ist rechter Ernst. In beiden Fällen kann man es so nennen, rechts. Und man kann es sich anschauen. Man kann lernen, wie es funktioniert, was es gern mag, das rechte Denken, und was es nicht mag. Es ist nur ein kleiner Ausschnitt des rechten Denkens, und man kann es harmlos, nichtig oder langweilig finden, dadaistisch oder übergeschnappt, oder hinter allem schlechtgewordene Pilze aus dem Dschungel Paraguays vermuten. Man kann mir folgen, wenn ich die Verbindung von den frühen Romanen, den Büchern über Nordkorea und *Metan* bis zu dem E-Mail-Wechsel *Five Years* mache. Man kann es sein lassen.

Das alles bewegt sich innerhalb des demokratischen Diskurses, und selbst wenn ich in meinem ersten Text falsch zu verstehen war: Christian Kracht gehört selbstverständlich dazu.

JOE PAUL KROLL
Der Ritter der Kokosnuss[13]

In einem der ersten Interviews, das Christian Kracht 1995 zum Erscheinen seines Debütromans *Faserland* gab, ließ sich der damals noch nicht einmal dreißigjährige Autor nicht nur zu abfälligen Bemerkungen über die SPD oder Busfahrer hinreißen, sondern auch zu Sätzen wie: »Der bevorstehende Verfall eines Wertesystems oder einer Gesellschaft kündigt sich immer durch das massenhafte Entstehen sauschlechter Alltagsästhetik an.«[14] Man erahnt also, wie Kracht in den Ruch geraten konnte, ein ziemlich übler Schnösel zu sein.

Zementiert wurde diese Wahrnehmung durch Bücher wie die Apologie einer kleinstädtischen Popperjugend, mit der Florian Illies unter dem Titel *Generation Golf* reüssierte. Illies unterlief dabei das klassische Missverständnis, *Faserland* als Manifest einer Lebenshaltung zu lesen. Solche affirmativen Lektüren dürften Kracht, der eine Weile durchaus munter mitspielte, allmählich so geärgert haben, dass er sich in seinen Interviews immer undurchdringlicher gab. Wer da sprach, war zuletzt »Christian Kracht«, eine Kunstfigur, die von ihrem Schöpfer wenig mehr preisgab als die Lust am Spiel, an der Verstellung, an der Provokation. Das Problem, seine Protagonisten und deren Ansichten mit ihm identifiziert zu sehen, verfolgt Kracht jedoch bis heute.

Nun hat sich eine Äußerung aus diesem frühen Interview zumindest teilweise bewahrheitet: »Ich werde ein Buch über ehemalige deutsche Kolonien in Afrika schreiben«, hieß es da. Nicht Afrika, sondern die Kolonie Deutsch-Neuguinea ist der Schauplatz von Krachts neuem Roman *Imperium*. Nach dem

---
13 *CULTurMAG*, 29. Februar und 2. März 2012
14 *Berliner Zeitung*, 19. Juli 1995

Erscheinen des Vorgängers, *Ich werde hier sein im Sonnenschein und im Schatten*, hatte Kracht einen Rückzug angedeutet und immerhin die Werkphase des »Triptychons«, seiner ersten drei Romane, für beendet erklärt. Diese drei Romane – zwischen den genannten erschien *1979* – beschreiben jeweils die Wanderung eines Ich-Erzählers seinem Verschwinden entgegen.

Mit der Verwendung der dritten Person (sowie der konsequent durchgehaltenen indirekten Rede) und der Fokussierung auf einen Schauplatz läutet Kracht formal eine neue Werkphase ein. Der Protagonist ist diesmal eine historische Figur: August Engelhardt, Vegetarier, Nudist und damit an sich kein untypischer Vertreter der Lebensreformbewegung, die sich um 1900 gegen den saturierten Wilhelminismus auflehnte. Engelhardt trägt sein Erspartes in die deutschen Besitzungen im Westpazifik, kauft sich dort eine Insel samt Kokosplantage und beschließt, sich nur noch von dieser vollkommensten aller Früchte, »dem wirklichen Sakrament der Natur«, zu ernähren. Da es keinem Lebensreformer genügen durfte, das eigene Leben in Ordnung zu bringen, hüllt Engelhardt sein Unternehmen in die religiöse Verkleidung eines »Sonnenordens«, dessen einziges ständiges Mitglied freilich er selbst bleibt – putative Mitaussteiger halten es nicht lange auf Kabakon aus oder werden gar nicht erst vorgelassen.

Dass so etwas nicht gutgehen kann, ahnt, wer mit der Geschichte utopischer Projekte dieser Art vertraut ist, erst recht aber, wer Krachts Faszination an Projekten wie der etwas früher entstandenen Siedlung Nueva Germania in Paraguay kennengelernt hat. Ein Leitmotiv des Briefwechsels *Five Years* mit David Woodard,[15] das Umschlagen der Utopie in die Hölle, wird im vorliegenden Roman durchgearbeitet. Dies gilt auch, insofern solche Höllen bevorzugt dort entstehen, wo das Leben

---

15 Siehe hierzu die *CULTurMAG*-Rezension des Verfassers vom 1. Februar 2012.

nach Maßgabe der Kunst gestaltet werden soll. So lässt Kracht Engelhardt sich fragen, »ob nicht sein Aufenthalt auf Kabakon eventuell auch als Kunstwerk angesehen werden könne [...], daß er möglicherweise selbst sein eigenes künstlerisches Artefakt sei«.

Bleiben wir aber noch einen Augenblick an der Oberfläche. Denn der Schädel, der auf dem Umschlagbild im Vordergrund liegt, führt geradewegs zum Kern des Romans. Zunächst fungiert er natürlich als barockes *Memento mori*, als Vorahnung dessen, was die Zivilisation, die in Gestalt eines Schiffes vom Horizont her einfährt, erwartet. Doch Engelhardt erscheint es, als sei es »die Kokosfrucht, die von allen Pflanzen dem Kopf des Menschen am meisten ähnelte«. Die Identifikation von Mensch und Nuss wird im weiteren Verlauf des Romans auf die Spitze getrieben: Die einzige Ergänzung zur Kokosdiät, die Engelhardt sich schließlich gönnt, ist der Verzehr eigener Körperteile. Zuletzt gelangt Engelhardts Traum auf Kabakon zu seiner Schädelstätte.

Durch die Einheit von Umschlag, Einband in Halbleinen, Satzbild und Text nimmt *Imperium* den Charakter eines kleinen Gesamtkunstwerks an. Das Umschlagbild versteckt im Gewand der *ligne claire* eine komplexe Symbolik, und eine ähnliche Durchkreuzung der Stilebenen zeichnet auch *Imperium* als Roman aus. Immer wieder werden gerade dramatische Szenen wie im Comic geschildert: Engelhardt entgeht Schlachtung und Verzehr durch seine der Anthropophagie kaum entwöhnten Inselgenossen, indem er unter großem Gelächter auf einer Lache von Schweineblut ausrutscht. Zusätzliche Komik bezieht diese Mixtur aus Kannibalenwitz und Slapstick aus dem hohen, gestelzten Ton, in dem nicht nur dieses Ereignis referiert wird, sondern der den gesamten Roman durchzieht.

Vorbild ist hier natürlich Thomas Mann, an dessen Grab die Reise des Ich-Erzählers von *Faserland* endet. Auf Mann wird schon auf der ersten Seite verwiesen, indem Kracht auf dem

Schiff, das Engelhardt gen Osten befördert, zum Frühstück jenes kräftige Porter-Bier servieren lässt, das auch Hans Castorp aufpäppeln sollte. Mit Mann verknüpft ist außerdem ein in einer Rückblende erzähltes, schicksalhaftes Ereignis im Leben Engelhardts. Dessen Weg kreuzt auch den Hermann Hesses, während die Begegnung mit Franz Kafka dem Antisemiten und zeitweiligen Ordensbruder Aueckens vorbehalten bleibt. Eine vierte unbenannte Gestalt, ein verhinderter Kunstmaler und Weltkriegsgefreiter, ragt gelegentlich in das Geschehen hinein. Von ihm wird später noch zu reden sein.

Der vermeintlich hohe Ton, den Kracht hier anschlägt, ist jedoch von Bruchstellen durchzogen. Oftmals besteht er nur aus Klischees und archaisierenden Phrasen die, aneinandergereiht, eine beinahe schon parodistische Simulation des Thomas-Mann-Sounds ergeben. Befremdlich wirkt auch Krachts Vorliebe für ein unidiomatisches Vokabular, für Wendungen wie »zeremonienlos«, ein Wort, das offenbar über das im Englischen völlig plausible »unceremonious« den Weg in den Text fand, der dadurch manchmal wie eine etwas ungelenke Übersetzung wirkt. Dasselbe gilt für die Phrase »er ist weit darüber hinaus« etwas zu tun – »he is way past doing something«. Dazu kommen eindeutige Fehler wie die Verwechslung von »gesonnen« mit »gesinnt« oder ein Genitiv, der ein theologisch interessantes Problem aufwirft: »des Heilands Jesu Christi«.

Wer derlei moniert, muss sich trotzdem nicht den Vorwurf der Pedanterie gefallen lassen. Denn wenn es sie gibt, die »Methode Kracht«, die der Kritiker einer bedeutenden Wochenschrift unlängst in etwas ganz anderem entdeckt haben will, dann äußert sie sich so: in der Erzeugung eines Nebelschleiers, in dem sich kaum mehr ausmachen lässt, ob es sich um grobe Schnitzer oder bewusst eingesetzte Verfremdungseffekte handelt.

Dazu gehört auch, dass Kracht diesmal die Identifikation von Autor und Figur zu provozieren scheint: Auf den jüngsten

Pressefotos posiert er mit Stoppelbart und strähnigem, schütterem Haar, wie müde und des Lebens überdrüssig. Sein Erscheinungsbild ähnelt darin dem des ausgemergelten August Engelhardt, wie ihn Aufnahmen der letzten Jahre zeigen.

Neben der Pflege eines gespreizten Stils erinnern an Thomas Mann auch andere Motive des Romans, etwa der Nexus zwischen Musik und Infektion, vor allem aber der Anspruch, das Verhängnis Deutschlands anhand einer einzelnen Gestalt darzustellen: Hier August Engelhardt, dort Adrian Leverkühn. Es soll »stellvertretend die Geschichte eines Deutschen erzählt werden, eines Romantikers, der wie so viele dieser Spezies verhinderter Künstler war, und wenn dabei Parallelen zu einem späteren deutschen Romantiker und Vegetarier ins Bewusstsein dringen, der vielleicht lieber bei seiner Staffelei geblieben wäre [...]« – keine Frage, wer gemeint ist.

August Engelhardt steht also *pars pro toto* für Deutschland. Das heißt aber nicht, dass er für jenen anderen Vegetarier steht, und noch weniger, dass die Gestalt des Ersten zu einer positiven Identifikation mit Letztem einlädt. Was es aber heißt, ist, dass Körper und Geist August Engelhardts gleichnishaft für das stehen, was zwischen 1900 und 1945 in, durch und mit Deutschland passiert ist.

Diese Versuchsanordnung ist schon heikel genug. Engelhardts Wahn beginnt als Versuch, an Leib und Seele zu gesunden, ein Anspruch, der prinzipiell die gesamte Welt einschließt, praktisch aber als Sonderweg fortgeführt wird und in der Katastrophe endet. Engelhardts Geschichte, wie Kracht sie erzählt, ist zunächst eine Krankengeschichte. Dass die Reduktion eines historischen Zusammenhangs aufs Pathologische, oder auch nur der Gebrauch der Krankheit als Metapher, zutiefst problematisch ist, gilt schon für *Doktor Faustus*. Nicht zuletzt tritt dabei die objektive Schuld des Subjekts zurück hinter die mildernden Umstände, zu denen Krankheit und Wahnsinn rein juristisch zählen.

Dennoch ist die Geschichte Engelhardts schlimm und als Gleichnis deutlich genug. Er wird immer wunderlicher, vereinsamt völlig, und seine Bücher – der Schatz einer eben nicht an die Scholle gebundenen deutschen Kultur – vermodern. Schon vom Aussatz gezeichnet, beginnt er mit der Selbstzerfleischung, und zu den Symptomen seines Wahns gehört schließlich auch der zuvor aus universalistischer Überzeugung abgelehnte Antisemitismus.

Tatsächlich nahm die Geschichte August Engelhardts 1919 ihr Ende, als der Kokovore tot auf seiner Insel aufgefunden wurde. Krachts Roman allerdings verlängert um seiner symbolischen Vollendung willen dieses Leben bis 1945. Der abgemagerte, doch von der Lepra »wie durch ein Wunder« geheilte Engelhardt wird von amerikanischen Soldaten gefunden, mit Coca-Cola und Hotdogs zu Kräften gebracht, und erzählt seine Geschichte. Danach stirbt er – irgendwann. Versuchen wir uns einmal an einer Deutung dieser Diskrepanz zwischen Roman und Wirklichkeit:

Vom Leben Engelhardts zwischen 1919 und 1945 erfahren wir nichts. Von Deutschland erfuhr die Welt während dieser Zeit nur zu viel. Aber: Wenn Engelhardt »Deutschland« verkörpert, dann nicht als Deutsches Reich, sondern als deutscher Geist. Als solcher geriet er um 1900 in eine existenzielle Krise und geisterte nach 1919 als Untoter herum. Was der Westen 1945 brachte, war mehr als Befreiung: Es war Erlösung.

Die mittelalterliche Legende vom heiligen Erkenwald erzählt, wie dieser als Bischof von London im 7. Jahrhundert der Öffnung eines vorchristlichen Sarkophags beiwohnte. Der darin befindliche Leichnam war unverwest und klagte dem Bischof alsbald sein Leid als unerlöster Heide. Der Bischof war so gerührt, dass er mit seinen Tränen den Heiden taufte, woraufhin der Leichnam umgehend zu Staub zerfiel. Und genauso geschieht es dem Protagonisten von Krachts Roman, nur dass dem Untoten, Unbekehrten statt der Taufe die Sakramente der

Eucharistie (unter beiderlei Gestalt) und Beichte gespendet werden. Derart eins geworden mit den Erlösern kann er – und mit ihm der deutsche Geist – sein Leben in Frieden aushauchen. Die Kokosnuss, die Engelhardt anfangs als Zeichen der Einheit mit dem Göttlichen, als »theosophischer Gral«, gegolten hatte, hat versagt. Sie entpuppt sich zuletzt als böser Götze.

Man kann natürlich diskutieren, ob Kracht mit *Imperium* nicht teilhat an einer Mystifikation der deutschen Geschichte, die von deren akkuratem Verständnis eher ablenkt, oder ob der Umweg über das Gleichnis nicht zuletzt als der direktere sich erweisen könnte. Keinen Diskussionsbedarf geben kann es über die Frage, ob *Imperium* ein Stück rechter Propaganda darstellt. Dies tut der Roman nicht, und sie ist in dieser Schlichtheit wohl auch die langweiligste, nichtssagendste Frage, die man an ein Kunstwerk stellen kann. Interessant sind nämlich stets die ästhetischen Mechanismen, die ein Kunstwerk von einem Flugblatt unterscheiden. Selbst das sich salomonisch dünkende Urteil, Kracht sei kein Nazi, wohl aber antimodernem Gedankengut verpflichtet, krankt an der darin nach wie vor enthaltenen, verkürzenden Gleichsetzung von romantischem Antimodernismus und Nationalsozialismus. Die Geistesgeschichte aber ist komplizierter, mehrdeutiger.

Zur Untermauerung ihrer Vorwürfe haben Krachts Kritiker denn auch seine Äußerungen in *Five Years* heranziehen müssen. Dabei übersahen sie gleich zwei Ebenen des Kontexts: zum einen den Unterschied zwischen einem Brief und einem literarischen Werk (und wie *Five Years* diesen wiederum in Frage stellt), zum anderen den Zusammenhang des Diskurses, in dem diese Äußerungen stattfinden. Nun sollte man gerade für David Woodard, den Kracht im Briefwechsel zur Ordnung ruft, vielleicht nicht die Hand ins Feuer legen. Hieraus allerdings Vorwürfe gegen Kracht selbst und seinen Roman zu konstruieren zeigt: Der Grundsatz, wonach die Gründlichkeit einer Untersuchung immer im Verhältnis stehen sollte zur Schwere des

Vorwurfs, wird dort missachtet, wo mit wenig Aufwand viel Getöse erzeugt werden kann. Außerdem liegt die Vermutung nahe, dass gewisse Kritiker noch eine Scharte mit Kracht auszuwetzen haben.[16]

Natürlich ist auch *Imperium* nicht frei von Ideologie. Auf die Problematik, Geschichte im Sinnbild einer Krankheit zu begreifen, wurde bereits eingegangen, und die Möglichkeit einer Erlösung des deutschen Geistes ist nicht minder heikel, auch wenn sie um den Preis von dessen Tod stattfindet. Andere Kritiker mögen wiederum bemängeln, Imperialismus und Rassismus würden verharmlost. Es ist vorstellbar, dass ein größerer Roman auch diesen Bedenken gerecht werden könnte. Doch darum geht es hier nicht. Interessanter sind allemal die Mittel, mit denen Kracht seine Ideen ausgestaltet. Und so verdient auch *Imperium*, zuvorderst als literarischer Text gelesen und an diesem Anspruch gemessen zu werden – auch, weil der Roman bei und neben allen gerade ästhetischen Fragwürdigkeiten eine unterhaltsame Lektüre über eine so obskure wie merkwürdige Episode der deutschen Geschichte darstellt.

Nachtrag, 2. März

Wie ich jetzt erst sehe, hat Georg Diez im aktuellen *Spiegel* (27.2.2012) eine Replik auf seine Kritiker veröffentlicht. Auffällig ist daran zunächst, dass Diez von einer inhaltlichen und ästhetischen Auseinandersetzung mit *Imperium* in noch stär-

---

16 Die Rede ist hier natürlich von Georg Diez. Dieser, selbst ein Freund der markigen Äußerung, ließ seine Meinung zu *Ich werde hier sein im Sonnenschein und im Schatten* und dessen Autor 2008 noch offen: »Ist es also alles ein Spiel oder ist es ernst? Manchmal will man diese Frage ja gar nicht beantworten. Kracht zwingt einen dazu, sich die Gegenwart genauer anzusehen. Es ist nicht immer sympathisch, was dabei zum Vorschein kommt. Aber sympathische Schriftsteller haben wir schon genug.« Georg Diez, »Der Heimatdichter«, in: *Das Magazin* (Zürich), 12. September 2008, S. 37.

kerem Maße absieht, als dies schon in seiner ursprünglichen Rezension der Fall war. Stattdessen schießt er sich weiter auf *Five Years* ein und fördert Beweismaterial zutage, das haarsträubend zu nennen wäre, wenn Diez nicht auf eine gewissenhafte Kontextualisierung verzichtete. Ebenso erstaunlich ist Diezens Volte in der Verwendung des Terminus »rechts«. Was im ersten Artikel eindeutig als diskriminierender Begriff – im Sinne des Kampfes »gegen rechts« – gebraucht wurde, soll nun plötzlich eine legitime Position innerhalb des intellektuellen Diskurses sein, und für das Recht, ein »rechter« Schriftsteller zu sein, bürgt jetzt Botho Strauß.

Es ist womöglich der Fall, dass Diez einen weiter gehenden Groll pflegt gegen eine Literaturkritik, die noch an die politisch verrufensten Texte zuvorderst ästhetische Kriterien anlegt – als Muster zu nennen ist hier Karl Heinz Bohrers Übertragung poststrukturalistischer Methoden auf Autoren wie Ernst Jünger. Diese Lesart, und ihr zuarbeitende Autoren wie Kracht, begreift Diez offenbar als Bestandteil derjenigen »Ironiehölle«, der die demokratischen Aufbrüche weltweit gegenüberstünden, als deren Fürsprecher Diez sich nun begreift. Die Ironie wird schon seit Jahren aus dem Diskurs herauskomplimentiert, zeigt sich aber beharrlich. Über Krachts eigenes Spiel mit diesem Topos, etwa in der Verwendung der als Pulp-Zitat gekennzeichneten Phrase »irony is over« auf dem Umschlag der von ihm herausgegebenen Anthologie *Mesopotamia* (1999), wäre gesondert zu sprechen.

Wilhelm Raabe, *Dunkelhäutiger Junge an der Küste mit Palmen*

RALF KLAUSNITZER
Literatur und Gesinnung

*Die Debatte um Christian Krachts Roman zeigt,
wie schwer sich die Literaturkritik mit
Haltungsfragen tut: Sind in Texten vorgetragene
politische Einstellungen zu bewerten?*[17]

Franz Kafka, zum Beispiel. Dass der Affe Rotpeter, der in seinem *Bericht für eine Akademie* über seinen »Verzicht auf jeden Eigensinn« berichtet, kaum mit dem Autor Kafka zu verwechseln ist, legt schon ein Vergleich der Physiognomien nahe. Der Hinweis auf die Differenzen zwischen Autor, Erzähler und Figur gehört zum Handgepäck des Literaturkritikers, und es ist richtig, es hervorzuklauben, wenn der ästhetische Eigensinn eines Werks so krass verkannt wird wie in der Kritik des *Spiegel*-Autors Georg Diez an Christian Krachts Roman *Imperium*. Zwar ist das Argument, es gebe halt so »viele Lesarten eines Buchs, wie es Leser gibt«, in diesem Fall eher eine schlechte Ausrede für ungenaues Lesen, aber wenn Diez in einer Replik auf seine Kritiker im aktuellen *Spiegel* eingangs von einem »Unbehagen« spricht, dem er auf den Grund habe gehen wollen, dann klingt das legitim – auch wenn man am Ende immer noch nicht genau weiß, worin sich in *Imperium* nun »rechtes Denken« spiegeln soll, sogar wenn man dieses Denken dem Autor selbst nicht zweifelsfrei absprechen kann.

Die Debatte zeigt, wie schwer sich Leser und Literaturkritiker mit jenem Phänomen tun, das als »Gesinnung« nur unzureichend umschrieben und zumeist mit platten Orientierungsangaben verbunden wird. Doch Gesinnung ist mehr als eine

---

17 *der Freitag*, 1. März 2012

politische Meinung und anderes als eine Weltanschauung. Gesinnung ist jene Gesamtheit von Einstellungen, die den Menschen umgreifen und ihm Haltung verleihen. In den Simulationsräumen der Literatur spielen Gesinnungen eine zentrale, jedoch häufig übersehene Rolle. Und zwar nicht nur in Bezug auf Autoren, die grundlegende Überzeugungen immer auch ausprobieren und revidieren können. So wie etwa Thomas Mann, den die Novemberrevolution 1918 in eine tiefe Krise stürzte: Als die von ihm in den *Bekenntnissen eines Unpolitischen* noch massiv verteidigte Ordnung zusammenbrach, erwog er unterschiedliche Optionen, bis er schließlich die Haltung des vernünftigen Republikaners einnahm, die er dann auch angesichts der aufmarschierenden Nazis und im Exil behauptete. Welche Bedeutung dabei die Konkurrenz zu seinem Bruder Heinrich hatte, der mit dem satirischen Roman *Der Untertan* seit dem Herbst 1918 einen sensationellen Erfolg feierte (während sich von den Betrachtungen gerade mal 6.000 Exemplare verkauften), bleibt eine naheliegende, aber kaum beantwortbare Frage.

Noch schwieriger aber sind die Probleme, die sich mit der fiktionalen Gestaltung von Gesinnungen verbinden. Im antiken Epos und im frühneuzeitlichen Königsdrama, im modernen Roman und in der novellistischen Erzählung bilden Gesinnungen einen Grund, auf dem Textfiguren stehen, sprechen, handeln – wobei Sprechen und Handeln immer auch auseinanderfallen und vermeintliche Gesinnungen sich als Ergebnis von Täuschungen erweisen können. Ob Goethes Kaufmannssohn Wilhelm Meister, der heimlich durch die Turmgesellschaft gelenkt wird, oder Thomas Manns anämischer Sanatoriumsgast Hans Castorp im Zauberberg, der sich vom Jesuiten Naphta und vom Aufklärer Settembrini unterrichten lässt: In literarischen Werken sind Gesinnungen ebenso wie die Bemühungen um ihren Gewinn und die Varianten ihres Verlusts zuallererst Textereignisse. Sie werden durch Figuren vorgetragen und verkörpert, durch Kontrastfiguren diskutiert und aufgrund von Verhaltensweisen erschlossen. Und zwar durch Leser, die diese Gesinnungen rekonstruieren und immer auch bewerten, indem sie diese Ergebnisse von Zuschreibungen mit eigenen Einstellungen abgleichen.

Schwierig wird es, wenn Gesinnungen sich nicht auf einen Punkt bringen lassen und kollidieren. So verhält es sich auch in Krachts Roman über den Nudisten und Radikal-Vegetarier August Engelhardt, der mit 1.200 Büchern und einem Wust an modernen und antimodernen Einstellungen in die Tropen aufbricht, um einen »Sonnenorden« im Zeichen der Kokosnuss zu errichten. Und hier – wie zuvor im verhassten wilhelminischen Deutschland, das sich seinerseits auf imperiale Aktionen vorbereitet – auf andere Gesinnungstäter trifft. Nachhaltig beunruhigend ist dieser meisterhaft komponierte Clash von Gesinnungen deshalb, weil der literarische Text eben jene Einstellungen vorführt und diskutiert, die in der Gewaltgeschichte des 20. Jahrhunderts wiederkehren werden. Und dabei Probleme thematisiert, die noch uns bewegen. Mit anderen Worten: Während Daniel Kehlmanns biographisch grundierter Roman über Gaußens und Humboldts Vermessung der Welt im 19. Jahrhundert wurzelt und die sozialen Folgen genialer Intuition ebenso subtil gestaltet wie das Altern des Wissens, reicht die Geschichte des regredierenden Kokosnuss-Propagandisten bis in unsere globalisierte Gegenwart hinein.

Und das nicht nur wegen der Bio-Produkte und Öko-Märkte, die als Schwundstufe einstiger Hoffnungen auf eine gesunde Lebensweise jenseits industrieller Pflanzen- und Tierproduktion inzwischen ein eigenes Marktsegment bilden. Sondern weit mehr aufgrund der Fragen nach den Möglichkeiten und Konsequenzen gesellschaftlicher Veränderungen, die auf radikalen Gesinnungen beruhen. Verhandelt werden diese Probleme in einem Text, der seine inszenierenden Gesten sehr genau kennt und ausstellt.

So etwa, wenn der Gouverneur des deutschen Schutzgebietes Neupommern (während der öffentlichen Bestrafung eines eingeborenen Delinquenten) Engelhardts Inselreich als Erprobung eines durchaus interessanten philosophischen Experiments lobt und zugleich den Ansturm jugendlicher Teilnahmewilliger abwehrt: Zwar sei dem Kokovoren Engelhardt mit seinen Schriften keine unmittelbare Haftbarkeit für die Handlungen seiner Leser zuzuschreiben, doch könne dieser eine »gewisse moralische Verantwortung« (»gerade im Hinblick auf deren Gesundheit«!) nicht zurückweisen. Als der Ordensgründer schließlich selbst mit den enthusiastischen Anhängern seiner Lehre zusammentrifft, die ihn mit dem Ruf »Heiland!« begrüßen, ist er so erschüttert, dass er sie umgehend ins Deutsche Reich zurückexpedieren lässt und dafür die Kosten übernimmt.

Damit aber hat der Roman selbst den Punkt benannt, auf den es ankommt: Trägt ein Autor für die Folgen seiner Schriften eine Verantwortung? Sind die in Texten vorgetragenen Gesinnungen ethisch zu bewerten? Und wer darf da richten? – Es ist simpel, sich auch in diesem Fall mit Hinweisen auf die rein ästhetischen Ansprüche von Literatur zurückzuziehen. Ohne Frage sind literarisch inszenierte Experimentalanordnungen zuerst einmal Varianten eines Probehandelns, bei dem existenzielle Erlebnisse und Überzeugungen eben nicht leibhaftig, sondern imaginativ durchlebt werden. Dennoch geschieht immer auch mehr: Teilhabe, Empathie, Identifikation, Distanzierung und kritische Auseinandersetzung. Literatur verliert einen beträchtlichen Teil ihres Wirkungspotenzials, wenn sie nur als verpflichtungsloses Spiel der Einbildungskraft aufgefasst wird.

Wie schwierig die Verhältnisse in diesem Feld sind, wusste der von Christian Kracht auch stilistisch nachgeahmte Autor Thomas Mann ziemlich genau. Er, der im Roman *Imperium* als leibhaftiger Denunziant auftritt, musste seinen Verleger Samuel Fischer 1906 per Telegramm anweisen, die bereits gesetzte Januar-Nummer der Zeitschrift *Neue Rundschau* einzustampfen, in der seine Novelle *Wälsungenblut* abgedruckt worden war. Der Grund: Der Erzähltext über die von Reichtum verweichlichte Familie Aarenhold und die inzestuösen Neigungen eines Geschwisterpaares war als antisemitischer Schlüsseltext bezeichnet worden – und der gerade in die Familie Pringsheim eingeheiratete Schriftsteller wollte seine neue komfortable Sozialheimat nicht verletzten.

Insofern spielt es schon eine Rolle, wer etwas sagt und wie er es sagt. Auch wenn es in den Zeichenwelten literarischer Texte und durch Erzähler und Figuren geschieht. Vor allem, wenn die vorgeführten Figuren mit ihren Reinheitsidealen und veganen Utopien der Gegenwart auf verstörende Weise näher sind, als uns vielleicht lieb ist. Möglicherweise sind diese Verstörungen aber sogar ein Beleg für die noch immer anhaltende Wirkungsmacht literarischer Buchstabenwelten. Zeigen sie doch, dass es neben Schuldenschnittsummen und Börsendaten noch andere Kräfte gibt. Daran ändert nichts, dass sich Irritationen durch literarische Imperien kaum mit simplen Gleichungen und Gesinnungsschnüffelei begegnen lässt.

SUSANNE GMÜR
Für Kracht ist alles nur ein Spiel

Alle reden über Christian Krachts Imperium, *nun spricht der Autor: In Zürich las der Schweizer erstmals öffentlich aus seinem Roman, der vom* Spiegel *unter Totalitarismusverdacht gestellt wurde. Dazu wäre eine Stellungnahme des jungen Schriftstellers angebracht*[18]

»Bitte behalten Sie diesen Abend für sich«, wurde man bei der kurzen Einführung zur Buchpremiere von Christian Krachts *Imperium* am Mittwochabend im Zürcher Kaufleuten ermahnt. Es seien keine Ton-, Foto- oder Filmaufnahmen gestattet, heute solle es nur um dieses Buch gehen. Dank flächendeckender Berichterstattung und Kommentierung bedurfte dieser Hinweis keiner weiteren Begründung.

Das Publikum nahm die Bitte ohne das leiseste Raunen hin, es mochte der eine oder andere Journalist und Fotograf gemurrt haben, als er von den Organisatoren eine Absage für Interviews oder Bildaufnahmen erhielt. Das lässt sich jedenfalls aus einem genervt klingenden mitternächtlichen Online-Bericht vom Nachrichtendienst Newsnet entnehmen. Zu den Totalitarismusvorwürfen von Seiten Georg Diez' im *Spiegel* – welche Kracht veranlasst hatten, die im Februar in Berlin geplante Premiere abzusagen – gesellten sich kürzlich ja auch noch Plagiatsunterstellungen durch Marc Buhl, der 2011 dieselbe historische Figur, den verschrobenen Aussteiger, Vegetarier und Kokosnussanbeter August Engelhardt, zu seinem Romanhelden gemacht hatte.

Moderiert wurde der Abend auch nicht, ebenso wenig woll-

18 *sueddeutsche.de*, 8. März

te Kracht Fragen aus dem Publikum beantworten – was er aber offenbar sowieso nie will. Kein »Event« also, nur eine ganz normale Autorenlesung, mit Signierstunde hinterher, die sehr rege und in fast andächtiger Stille genutzt wurde, manch strahlendes Gesicht kehrte vom Büchertisch zurück, darunter auch das von Dieter (»Yello«) Meier.

Gewiss kamen einige der rund 400 Gäste aufgrund des Medienrummels (und hätten gegen eine kleine aufregende Live-Fortführung bestimmt nichts einzuwenden gehabt) – der Veranstalter musste wegen der Nachfrage gar den Anlass in den großen Klubsaal verlegen. Ein eleganter Ort, mit dunklem Holz und rotem Samt verkleidet, in dem fast allein die überdimensionale Discokugel und die Beleuchtungs- und Tonmaschinerie daran erinnern, dass man sich im Popzeitalter befindet und nicht mehr zu Beginn des alten Jahrhunderts, als Engelhardt in die Südsee reiste und als Gustav Mahler unter anderem das Adagietto der 5. Sinfonie komponierte, mit dem das eintreffende Publikum nun zuckersüß eingestimmt wurde.

Wo sonst getrunken, getanzt und ausgiebig gekokst wird, gehörte die Bühne an diesem Abend ganz dem jungen Autor (tatsächlich schon 45 Jahre alt). Kracht – in dieser nonchalanten Art gekleidet, die ihren Preis elegant herunterspielt, Sakko, Hemd, helle Hose, Krawatte, alles ein wenig altbacken und zerknittert – betritt sie unter freundlichem Applaus; leise setzt er sich an den Tisch, der ihm durch ein bodenlanges Tuch Schutz gewährt, so dass die meisten seiner nervösen Kratzereien irgendwo da unten nur im Ansatz sichtbar werden. »Guten Abend, ich lese Ihnen heute aus dem Buch *Imperium* vor.«

Freilich geht es an diesem Abend nicht nur »um dieses Buch« – es geht vielmehr um Christian Kracht. Eine Autorenlesung lebt ja gerade davon, dass die Trennung zwischen Werk und Autor hier aufgehoben ist, dass man »den Künstler« einmal erlebt. Dass er sich und sein Werk entzaubert, kann dabei schon mal vorkommen. Doch während man zu Hause im Bett zwischen Tag und Nacht in die fremden Phantasiewelten entgleiten und sich eines Buches bemächtigen kann, bleibt es bei der Lesung ganz beim Autor. Er bestimmt, wie weit die Reise geht, in welcher Tonlage sie spielt, er überfliegt und wählt die Stellen aus, die er für geeignet hält.

Kracht hat sie gut gewählt, so dass durch die ruhigen Reihen immer wieder mal ein Lachen huscht: als Engelhardt sich vor versammelter Gesellschaft erster Klasse als »Vegetarier im allgemeinen und Fruktivore im besonderen« outet oder bei der bunten Schilderung der Umstände, durch die das »Schwarzwasserfieber in den Gouverneur gekommen« war. Sowieso eignet sich dieses Buch prima zum Vorlesen. Es kommt im Großen und Ganzen ja doch nicht zu komplex daher. Alles ist klar und ordentlich ausgemalt, alles von gleicher Bedeutung und Intensität, eine eingängige und glatte Bildergeschichte, ein schwarzhumoriges Märchen für Erwachsene.

Gelacht wird auch bei der Beschreibung Hitlers als »pickliger, verschrobener Bub, der sich zahllose väterliche Watschen einfängt« – kann man denn anders? Wenn das Ungeheuerliche so gebannt wird, ist das nun mal reflexartig entlastend. Gelacht wird entsprechend nicht, als der Erzähler daran erinnert, komödiantisch wäre der Aufstieg Hitlers nur dann anzusehen, »wenn da nicht unvorstellbare Grausamkeit folgen würde«. Dass Kracht diese Stellen liest, wird seine Gründe in der vergangenen Debatte haben. Er liest sie so, wie *Imperium* geschrieben ist, sauber und mit ruhiger, sonorer Stimme, mit grundlegend unaufgeregter Gleichgültigkeit.

Dass Kracht eine Antwort auf die Vorwürfe verweigert, die Diez vor allem auf dessen E-Mail-Verkehr mit dem umstrittenen Künstler David Woodard gegründet hat (*Five Years*, Wehrhahn Verlag 2011), ist sein gutes Recht, auch wenn eine Stellungnahme angebracht erscheint. Nun ist Kracht aber kein besonders souveräner Typ, zumindest lassen das seine Auftritte in der Öffentlichkeit vermuten, vielleicht will er es auch einfach nicht sein. Und er tritt ja nicht als Intellektueller auf, sondern als sensibler, etwas verschüchterter, wortkarger junger Mann, der doch gar nichts Böses will. Es ist ihm alles ein Spiel. Und wahrscheinlich sollte man von seinen Antworten noch weniger erwarten als von jenen der Fußballer, die ihr eigenes Spiel kommentieren.

An diesem Abend wurde jedenfalls kein Tabu gebrochen. Sondern jenes von der heiligen Freiheit der Kunst – rituell einwandfrei – untermauert. Sogar rauchen durfte der Vogelfreie.

Wilhelm Raabe, *Anlandendes Segelschiff*

VOLKER WEIDERMANN
Notizen zu Kracht. Was er will

Die wilde Debatte um den Nazi-Vorwurf hat sich beruhigt, aber eine Frage bleibt: Gibt es einen Kern in den Büchern von Christian Kracht? Eine Spurensuche[19]

Kann sein, dass er das einmal selbst über sich geschrieben hat: »Seine Art zu sprechen, schüchtern und arrogant zugleich zu sein, dabei möglichst wenig preiszugeben, all das lässt ihn so irreal erscheinen wie eine Hauswand aus Tau.« Das stand in einem Blogeintrag mit dem Titel »this is hypertext« über Christian Kracht als »Phantom eines schreibenden Dandys«.

Nach ein paar Tagen war der Eintrag verschwunden, an der Stelle erschien nun eine freundliche Fehlermeldung: »Sorry, but you are looking for something that isn't there.« Der Literaturprofessor Eckhard Schumacher hat darüber in einem Text über »Christian Kracht im Netz« berichtet. »Entschuldigung, aber Sie suchen etwas, das nicht da ist.« Es ist nicht da. Das heißt nicht, dass es nicht existiert. Es ist nur nicht mehr an diesem Ort.

Christian Kracht ist nicht zu fassen. Vielleicht ist auch deshalb die Debatte über seinen letzten Roman *Imperium* und über den unter dem Titel *Five Years* veröffentlichten Briefwechsel mit dem amerikanischen Künstler David Woodard ins Leere gelaufen. Oder wie es der Journalist Denis Scheck im Interview mit Christian Kracht beruhigend formulierte: »Es ist ja noch mal gutgegangen. Die Attacke ist abgewehrt.« Kracht schaute ihn daraufhin verständnislos an, als wollte er fragen: Welche Attacke?

---

[19] *Frankfurter Allgemeine Sonntagszeitung*, 29. April 2012

Der Kritiker Georg Diez hatte im *Spiegel* eine Frage gestellt, gleich drei Mal hatte er sie gestellt, und jedem, dem die Bücher Christian Krachts etwas bedeuten, stellt sich diese Frage immer wieder auch: »Was will Christian Kracht?« Diez wollte das Spiel beenden, das Kracht mit seinen Lesern spielt. Das Spiel der Uneindeutigkeit, der Flüchtigkeit vor dem Konkreten. Das literarische Spiel mit politischen Begriffen, politischen Wirklichkeiten, das Spiel mit den Erlösungsphantasien modernegebeutelter Helden, die ihr Heil in totalitären Regimen suchen und in der Selbstauslöschung – das Spiel, das Christian Kracht in seinen Büchern spielt.

Georg Diez wollte Antworten geben und hat das in einem sehr schlechten Artikel auch getan. Der Artikel war schlecht erstens, weil der Kritiker darin genau das selber tat, was er dem Autor Kracht vorwarf: Er raunte. Er schrieb von einem »Politikverständnis«, in »dessen Nähe« sich Kracht bewege, das früher »in den Antisemitismus abrutschen konnte«, und nannte Kracht, »wenn man so will«, den »Céline seiner Generation«. Wozu sich der Leser dann natürlich die Gleichung »Céline = Antisemit« hinzudenken musste. »Wenn man so will« – es war schon sonderbar, wie der sonst so klar formulierende Journalist Diez, der bis vor einigen Jahren Redakteur in diesem Feuilleton war, sich hier ins Nebulös-Anklagende verlor. Sein Artikel war zweitens schlecht, weil er den Roman *Imperium* durch strategisches Zitieren praktisch auf den Kopf stellte und also Sätze, die im Roman voller Abscheu ein Schreckensbild heraufbeschwören, als angebliche Positionen des Autors wiedergab.

Gut. Dafür ist Diez in einem regelrechten Shitstorm durch die Feuilletons gepustet worden. Maximalbegriffe wurden zum Gegenangriff aufgefahren: »Das Ende jeder literarischen Phantasie, von Fiktion, Ironie und damit von freier Kunst« sah eine Gruppe von Autoren in einem offenen Brief am Horizont heraufziehen. Und Krachts Verlag Kiepenheuer und Witsch verbreitete eine Erklärung, in der nach den Worten »bösartig«,

»perfide«, »Rufmord« und »Pranger« der merkwürdige Satz stand: »Niemand hat auch nur ansatzweise einen Zusammenhang zu Rassismus und totalitärem Denken [in dem Roman *Imperium*] gefunden.« Das war nun eine schon beinahe lustige Verteidigungslinie für einen Roman, der praktisch auf jeder Seite Rassismus und totalitäres Denken zum Thema hat.

Die Frage ist ja nur: wie? Wie hat er es zum Thema? Was will Kracht? Wie und warum schreibt er immer wieder über totalitäres Denken, totalitäre Systeme? Und das Glück, das sie bedeuten können. Und die Schönheit, die man in ihnen erkennen kann. Das ist doch die Frage. Diez hatte, um Kracht begrifflich festzulegen, den fast gleichzeitig mit *Imperium* erschienenen Briefwechsel mit Woodard hinzugezogen. Ein legitimes Verfahren, um einem sich notorisch in Doppel- und Dreifachironie flüchtenden Autor auf die Schliche zu kommen. Und in der Tat sind die Passagen des Briefwechsels, in denen Kracht Woodard für die deutsche Ur-Kolonie »Nueva Guermania«, in der sich einst der KZ-Arzt Josef Mengele versteckte, die Bücher aus der Bibliothek seines Großvaters verspricht, beunruhigend und dunkel. Zumindest befremdlich ist auch, dass die beiden sich Bilder von SS-Obersturmbannführern hin- und herschicken, dass Woodard von »Nueva Guermania« schreibt, dass dieses »arische Zentrum elementar ist für die wünschenswerteste Richtung der Welt«. Und Kracht widerspricht nicht. Kracht wollte, dass dieser Briefwechsel erscheint.

In dem Abwehrkampf gegen die Thesen von Georg Diez kam dieser Briefwechsel beinahe nicht vor. Die Verteidiger beschränkten sich auf Lektüre und Lob des Romans. Die dunkle Seite, die in diesem Briefwechsel aufscheint, wurde ignoriert. Das Aufatmen von Denis Scheck schien das Aufatmen vieler Leser und Freunde von Krachts Büchern gewesen zu sein: »Es ist ja noch mal gutgegangen.«

Man will sich die Liebe zu dieser unglaublich schönen Prosa, zu dieser schönen Sprache einfach nicht verdunkeln lassen.

Man will das alles nicht so genau wissen. Das was? Das andere. Die dunkle Seite von Kracht. Vorwürfe gegen ihn gibt es ja eigentlich schon, solange er schreibt. Seine Kriegssehnsucht, die Bewunderung für die Ästhetik von Kim Jong-ils Nordkorea oder der Respekt, den er dem Führer der Taliban Mullah Omar bekundete.

Das war in der allerersten Ausgabe dieser Zeitung, im September 2011, die Türme in New York waren gerade eingestürzt, Krachts Roman *1979* über die islamische Revolution in Iran sollte kurz darauf erscheinen. Er, der sich sonst in Interviews oft auf doppelt ironisch kodierte Scheinaussagen zurückzog, war in diesem per Mail geführten Gespräch überraschend klar: »Mullah Omar hat meinen vollen Respekt«, erklärte Kracht.

Dieser sei »wie ein Sufi-Meister«, weil er unsichtbar sei, weil es kein Bild von ihm gebe. Konkrete Fragen nach der Politik der Taliban wies er zurück. Zu Iran sagte er: »Die islamische Revolution im Iran war ja etwas völlig Einzigartiges; ein sabbernder, amerikanischer Kokainist in Ausgehuniform – ich spreche jetzt nur von den Bildern – wurde durch etwas Schönes und Neues ersetzt, durch einen bärtigen und gottesfürchtigen Mann, an dessen Bild Jimmy Carter dann auch zerbrochen ist.« Auf meinen Einwand: »Aber es geht doch nicht nur um Formen. Es ist doch lächerlich, die Welt ausschließlich nach Bildern zu beurteilen. Es gibt doch auch Inhalte, Politik und Moral«, antwortete Christian Kracht: »Ich glaube, schlechte Form ist an vielem schuld. Ein gutes Buch ist immer moralisch.« Später hat er über dieses Interview in einem Interview gesagt: »Das Interview in der FAZ war ein gutes, weil es ein existierendes Bild von mir zertrümmert hat.«

Christian Kracht lebt und schreibt in Bildern. Er verteilt immer neue Bilder von sich und lacht. Er beurteilt die Welt nach Lage der Bilder. Das macht auch die Schönheit seiner Prosa aus. Die Schönheit der Bilder, die er sieht, die er erschafft. Ist das moralisch? Ich muss da immer an eine sehr banale, sehr kleine Geschichte denken, die er in dem Gesprächsband *Tristesse Royale* einmal erzählte, über die Hässlichkeit der Kassiererinnen in Berliner Supermärkten, von denen viele keine Zähne mehr hätten – »Die Physiognomien dieser Menschen sind so verkommen«, und er versucht bei seinen Gesprächspartnern in Erfahrung zu bringen, woran das liegen könne, »warum die Menschen hier so aussehen, wie sie leider aussehen«. Leider kann ihm keiner erklären, dass man in Deutschland, seitdem die gesetzlichen Krankenkassen Zahnersatz aus ihrem Leistungskatalog gestrichen haben, Armut meist zuerst an den Zähnen erkennt. Manchmal ist Schönheitsliebe und Hässlichkeitsverachtung einfach dumm und kalt und irgendwie selber hässlich.

Christian Kracht stellt sich Menschen ja mitunter auf die etwas sonderbare Weise vor, indem er ihnen ins Ohr zischt: »Du weißt, ich bin reich.« Der Autor Feridun Zaimoglu etwa ist auf diese Weise mit ihm bekannt geworden. Manche schreckt das ab, andere nicht. Sein Freund Ingo Niermann, mit dem gemeinsam Christian Kracht den Kilimandscharo bestieg, worüber die beiden dann ein ziemlich dämliches Buch geschrieben haben, hat über Kracht einmal geschrieben: »Auch Freunde stießen bei Kracht auf keinen festen Grund.« Nie könne man bei ihm sicher sagen, ob er am nächsten Tag nicht das Gegenteil seiner Vortagesmeinung äußere. Auch Freunde Krachts fragen sich offenbar immer wieder: Was will er eigentlich wirklich? Vielleicht eine naive Frage. Vielleicht aber auch auf Dauer: unerlässlich.

Ingo Niermann betreibt seit Jahren ein Projekt. Er will im Osten Deutschlands eine riesige Pyramide errichten, in der sich Menschen – als Teil eines gigantischen Kunstwerks – bestatten lassen können. Kracht unterstützte am Anfang begeistert das Projekt. Doch als aus der bloßen Idee plötzlich Wirklichkeit zu werden drohte, zog er sich zurück. Und Niermann weiß auch, warum: »Das Projekt wurde ihm zu eindeutig.«

Natürlich ist auf diese Weise auch seine Begeisterung für

»Nueva Germania« zu verstehen. Kracht würde ja nicht im Traum daran denken, an einen solchen Ort womöglich selber hinzuziehen. Für ihn ist es eine Idee, ein Bild, das Bild von einem unzerstörten Deutschland in der südamerikanischen Sonne. Das gehört ja zu den Motiven seines Schreibens, von Anfang an: ein unschuldiges Deutschland, ein Deutschland ohne Nationalsozialisten, Krieg, Zerstörung.

Ein Land wie ein Klang, der immer schön wäre. So wie er in seinem ersten Roman *Faserland* aus dem Jahr 1995 schrieb: »Und die Menschen sitzen in der Sonne, an den Neckarauen. Das heißt tatsächlich so, das muß man sich mal vorstellen, nein, besser noch, man sagt das ganz laut: Neckarauen. Neckarauen. Das macht einen ganz kirre im Kopf, das Wort. So könnte Deutschland sein, wenn es keinen Krieg gegeben hätte und wenn die Juden nicht vergast worden wären. Dann wäre Deutschland so wie das Wort Neckarauen.«

Und hier, in Heidelberg, ist der Ich-Erzähler auch für einen Moment vom Terror der Ironie befreit. Beziehungsweise: Er träumt davon, in der »Max-Bar«, beim Betrachten der biertrinkenden Studenten: »Alle sind sehr nett. Ich glaube, keiner meint es ironisch.«

Die Helden in Krachts Büchern sind auf der Flucht vor der Ironie, auf der Flucht vor sich selbst, auf der Flucht vor festgefügten Bildern von der Welt und von sich selbst, auf der Flucht auch vor der Schuld. Die intensivsten Bilder in Krachts Büchern sind Kindheitsbilder. Der Weg zurück dorthin ist versperrt. Die Helden müssen eine Reise um die Welt machen, in der Hoffnung, auf der Rückseite einen anderen Eingang zu finden. »Manchmal fühlte ich mich, als sei ich in einer Art Ei aufgewachsen«, sagt der schwarze Kommissär in Krachts vorletztem Roman »Ich werde hier sein im Sonnenschein und im Schatten«, und er wandelt, in dem leeren Réduit, dem Kern der Schweiz, an den Geschichten der Welt entlang, die an die Felswände gemalt wurden, zurück, bis zu den Urbildern in den

Höhlen seiner Kindheit in Afrika. Eine Erzählung in Bildern. Die Geschichte der Welt.

Gibt es einen Kern in den Büchern von Christian Kracht? Einen politischen Kern? Ist wirklich alles nur Ironie? Im Vorwort, das die Herausgeber des Briefwechsels Krachts mit Woodard vorangestellt haben, schreiben sie – und das klingt sehr, als ob Kracht selbst es geschrieben hätte: »Der Briefwechsel enthält keine zu entbergenden Wahrheiten. Er ist als Dokument hohl.« Ist das der Warnhinweis, den man allen Büchern Krachts voranstellen sollte? Um keine Missverständnisse mehr aufkommen zu lassen? Lohnt es sich dann überhaupt, diese Bücher zu lesen? Warum?

Ehrlich gesagt: Ich weiß es nicht. Seine Bücher eröffnen alle den Blick auf eine andere Welt. Oder: auf die Welt, wie sie ist oder war, wie wir sie aber noch nicht zuvor gesehen haben. Es sind Bücher einer Erschütterung. Ob sie politische Konsequenzen haben können oder nicht, liegt nicht in der Hand des Autors. Auf einen Autor wie Kracht kann keiner bauen. Seine Bücher zeugen von den Rissen in der Welt. August Engelhardt aus dem Roman *Imperium*, der die große Unschuld sucht und nur Schuld findet und Verderben, ist der »Bruder Hitler« aus Thomas Manns berühmtem Essay, in dem er sich selbst, den Romantiker Thomas Mann, als Bruder Hitlers denunziert – der Thomas Mann, der er selbst einst war, als er der »spottschlechten Romantik« verfallen war. Der Thomas Mann vor der republikanischen Kehre.

Christian Kracht wird eine solche Kehre sicher nie vollziehen. Es wäre wohl auch das Ende seiner Kunst. Es gibt aber eine Passage in *Imperium*, die sonderbar ist und merkwürdig plötzlich bekenntnishaft. Als auf einmal ein »Ich« von sich selbst erzählt und von seinen Großeltern, die schnellen Schrittes auf der Hamburger Moorweide vorübergehen, »so als hätten sie nicht gesehen, wie dort mit Koffern beladene Männer, Frauen und Kinder am Dammtorbahnhof in Züge verfrachtet und ostwärts verschickt werden, hinaus, an die Ränder des Imperiums, als seien sie jetzt schon Schatten, als seien sie jetzt schon aschener Rauch«. Sie gehen weiter, die Großeltern jenes plötzlichen »Ich«. Doch die Schuld bleibt. Auch davon erzählen die Bücher von Christian Kracht.

ECKHARD SCHUMACHER
Differenz und Wiederholung

Christian Krachts Imperium[20]

»… in manchen Momenten ist ihm, als entgleite ihm die ohnehin recht brüchige Realität, so auch jetzt …«[21] Was wir hier, im dritten und letzten Teil von Christian Krachts Roman *Imperium*, eher beiläufig über eine Romanfigur erfahren, bleibt nicht auf diese Figur beschränkt. So wie Gouverneur Hahl die »ohnehin recht brüchige Realität« nicht nur »jetzt«, im Rahmen einer durchaus problematisch verlaufenden Hochzeitszeremonie, sondern »in manchen Momenten« zu entgleiten scheint, so scheint einem auch als Leser, als Leserin, die Realität dieses Romans immer wieder erneut zu entgleiten. Nicht immer bemerkt man es gleich, gelegentlich zeigt es sich erst im Rückblick, manchmal wird es erst vor dem Hintergrund eines spezifischen Detailwissens überhaupt erkennbar. Und häufig vollzieht es sich im Modus des Möglichen, der fast unmerklich auch in den Modus des Phantastischen übergehen kann. So erfahren wir nicht etwa, *dass* Gouverneur Hahl die Realität entgleitet, ihm »ist« nur so, es bleibt bei einem vagen, kaum verlässlichen, irritierend oszillierenden Als-ob, das sich nicht zuletzt auch auf den Leser überträgt.

Wie aber sieht die Realität dieses Romans aus? Was ist das für eine Realität, die Christian Krachts *Imperium* präsentiert? Was lässt sie, nicht nur für Gouverneur Hahl, »brüchig« er-

---

20 Der vorliegende Text basiert auf einem Radioessay, der am 12.5.2013 im Deutschlandfunk gesendet wurde.
21 Christian Kracht: *Imperium*, Köln 2012, S. 210. (Im Folgenden in Klammern im Text zitiert als: I Seitenzahl)

scheinen? Nachdem der Roman zunächst aus ganz anderen Gründen Aufsehen erregt hat, lohnt es, ihn mit ein wenig Distanz zu den Aufregungen um den Autor, der anlässlich der Publikation von *Imperium* als »Türsteher der rechten Gedanken« diffamiert wurde,[22] noch einmal neu zu lesen. Eine Verlagerung des Blickwinkels vom Autor auf den Text, von der vermeintlichen Ideologie zu den beobachtbaren Schreib- und Erzählverfahren, kann dem Text nicht nur neue Perspektiven eröffnen, sie kann auch verdeutlichen, warum der Debatte um den Autor die Realität des Romans zunehmend entglitten ist. Also, noch einmal, von vorne:

> Unter den langen weißen Wolken, unter der prächtigen Sonne, unter dem hellen Firmament, da war erst ein langgedehntes Tuten zu hören, dann rief die Schiffsglocke eindringlich zum Mittag, und ein malayischer Boy schritt sanftfüßig und leise das Oberdeck ab, um jene Passagiere mit behutsamen Schulterdruck aufzuwecken, die gleich nach dem üppigen Frühstück wieder eingeschlafen waren. Der Norddeutsche Lloyd, Gott verfluche ihn, sorgte jeden Morgen, reiste man denn in der ersten Klasse, durch das Können langbezopfter chinesischer Köche für herrliche Alphonso-Mangos aus Ceylon, der Länge nach aufgeschnitten und kunstvoll arrangiert, für Spiegeleier mit Speck, dazu scharf eingelegte Hühnerbrust, Garnelen, aromatischen Reis und ein kräftiges englisches Porter Bier. (I 2)

Folgt man den ersten Sätzen des ersten Kapitels, sieht man sich das Personal, die Schauplätze und das historische Setting von Krachts *Imperium* an, spricht zunächst vieles dafür, dass es sich um einen vergleichsweise konventionellen, realis-

---

22 Georg Diez: Die Methode Kracht, in: *Der Spiegel* 7/2012, S. 100-103.

tisch erzählten historischen Roman handelt. Die ebenso sanftfüßige wie üppige Schilderung von Details mag einen davon abhalten, hier eine dokumentarische Darstellung von historischen Personen, Ereignissen und Konstellationen zu vermuten. Aber man ist gleichwohl bereit anzunehmen, dass vor etwa einhundert Jahren, zu Beginn des 20. Jahrhunderts, im Zeitalter des Kolonialismus, tatsächlich hätte beobachtet werden können, was hier von einem zwar gelegentlich etwas unbeholfen beschreibenden, jedoch gleichwohl entspannt über den Dingen schwebenden, langgedehnten, ein wenig manieristisch, aber ruhig entfalteten Satzperioden zugeneigten Erzähler vergegenwärtigt wird.

Erzählt wird eine in ihren Grundzügen authentische, durch historische Referenzen und Fakten belegte Geschichte, die Geschichte des August Engelhardt, eines ebenso merkwürdigen wie bemerkenswerten Aussteigers, der nach einer Ausbildung zum Apothekerhelfer, bewegt durch die Lebensreformbewegung, im frühen 20. Jahrhundert in die deutschen Kolonien in der Südsee aufbricht. Dort, im sogenannten Schutzgebiet Deutsch-Neuguinea, gründet er den »Sonnenorden«, eine quasireligiöse Gemeinschaft, die die lebensreformerischen Ideale des Nudismus und Vegetarismus auf eine neue, nicht mehr durch die kleinbürgerlichen Konventionen des Wilhelminischen Reiches beschränkte Weise realisieren soll. Auf der Insel Kabakon erwirbt Engelhardt eine Kokosplantage und widmet sich, weitgehend ungetrübt durch ökonomisches Geschick oder auch nur Interesse, der ideellen Ausarbeitung und praktischen Umsetzung des Kokovorismus. Befreit von den Sorgen um Kleidung, Wohnung und Nahrung, orientiert sich der kokovore Sonnenmensch, wie man einer Schrift des historischen August Engelhardt entnehmen kann,[23] allein an der Frucht, die

---

23 Originaltexte und weiteres Material finden sich in August Engelhardt/August Bethmann: *Hoch der Äquator! Nieder mit den Polen! Eine sorgenfreie Zukunft im Imperium der Kokosnuss*, hg. v. Dieter Kiepenkracher, Norderstedt

der Sonne am nächsten reift und die den Menschen, der sich allein von ihr (und mithin vom Licht der Sonne) ernährt, letztlich in einen gottähnlichen Zustand der Unsterblichkeit führen soll. Auch wenn er mit seiner schwärmerischen Kokosnussphilosophie durchaus die Aufmerksamkeit einiger Zeitgenossen erregen kann, sind es letztlich nicht viele, die Engelhardt für seine Ideen begeistern kann. Auf Kabokon halten sich nie mehr als fünf seiner Anhänger auf, einige von ihnen sterben dort oder kurz nach dem Aufenthalt aus nicht in jedem Fall geklärten Gründen, so etwa 1904 der Helgoländer Heinrich Aueckens und ein Jahr später Max Lützow, ein Berliner Musiker.

Beide, Aueckens und Lützow, spielen auch in Krachts *Imperium* eine Rolle, so wie der Roman eine Reihe von weiteren historischen Personen und Schauplätzen des sich imperial ausdehnenden Deutschen Reiches der Jahrhundertwendezeit integriert, darunter in zentraler Funktion den damaligen Verwaltungssitz von Deutsch-Neuguinea, die Stadt Herbertshöhe auf der Insel Neupommern, und den dort ansässigen Verwalter, den eingangs angeführten Gouverneur Albert Hahl. Manches in diesem Roman stimmt mit dem historischen Geschehen überein, vieles aber auch nicht, und das auf durchaus irritierende Weise. Dass wir es nicht nur mit einer realitätsgetreuen Wiedergabe einer historisch verbürgten Episode aus der Geschichte der deutschen Kolonialzeit zu tun haben, zeigt sich nicht zuletzt an der Hauptfigur des Romans, an August Engelhardt. Im wirklichen Leben im Jahr 1919 auf der Insel Kabakon tot aufgefunden, wird Engelhardt im Roman erst nach Beendigung des Zweiten Weltkriegs von amerikanischen Marineeinheiten auf einer der Solomon-Inseln in einer Erdhöhle entdeckt, zum Skelett abgemagert, aber lebend. Als Überlebender eines längst vergangenen Imperiums lernt der, wie es im Schlusskapitel heißt, »sonderbar kräftige Alte« auch noch Eigentümlichkeiten eines

2012.

neuen Imperiums kennen, etwa eine »sich in der Mitte leicht verjüngende Glasflasche« mit »einer dunkelbraunen, zuckrigen, überaus wohlschmeckenden Flüssigkeit«, »stark rhythmische, doch überhaupt nicht unangenehm klingende Musik« und, zweifellos irritierend für einen Vegetarier mit einem merklichen Hang zur Antropophagie, »ein mit quietschbunten Soßen bestrichenes Würstchen, welches in einem daunenkissenweichen, länglichen Brotbett liegt« (I 240).

Die freie Ausgestaltung der Lebensgeschichte des Protagonisten, die mit großer Selbstverständlichkeit auch deren Verfilmung in Hollywood mit einschließt, markiert eine Form der Abweichung von der realen Geschichte, die den Roman unübersehbar als Fiktion ausweist. Schnell finden sich noch weitere, nicht minder signifikante Abweichungen von dem, was man der üblichen Geschichtsschreibung entnehmen kann. Besonders deutlich wird dies einmal mehr an der Figur des Gouverneurs Hahl, der als historische Figur zugleich wie eine Schaltstelle zu einem anderen Verständnis von Realität fungiert – und dem diese vielleicht auch deshalb in manchen Momenten zu entgleiten scheint. So gehört etwa Christian Slütter, den Gouverneur Hahl im Roman engagiert, um den als nicht mehr tragbar eingestuften Engelhardt ermorden zu lassen, und der die eingangs erwähnte Hochzeitszeremonie letztlich anstelle des zunächst vorgesehenen Hahls vollzieht, nicht mehr zum Personal der Kolonialgeschichte des Deutschen Reiches. Kapitän Christian Slütter ist eine fiktive Figur, die allerdings – wie seine rätselhafte Begleiterin Pandora – in der Welt der Fiktion durchaus real existiert. Sie ist einem Klassiker der Südseeliteratur entnommen, einem Comic, Hugo Pratts *Südseeballade*, mit der er im Jahr 1967 die später weitverzweigte Geschichte des Abenteurers Corto Maltese beginnen lässt.[24] Ohne dies auch nur

---

24 Hugo Pratt: *Corto Maltese* [= Klassiker der Comic-Literatur, Bd. 11], Frankfurt/M. 2005.

in Ansätzen zu markieren, geschweige denn zu kommentieren, verschränkt Kracht hier wie an anderen Stellen seines Romans Versatzstücke aus der Kolonialgeschichte des Deutsches Reiches mit fiktiven Figuren und Schauplätzen, die, zunächst entworfen in fiktionalen Zusammenhängen, im Comic, in der Literatur, im Film, nunmehr zu konstitutiven Bestandteilen dessen werden, was Krachts *Imperium* als Realität präsentiert. So finden die Amerikaner den fiktionalisierten August Engelhardt am Ende von Krachts Roman nicht von ungefähr auf einer jener real existierenden Solomon-Inseln, die am Anfang von Hugo Pratts *Südseeballade* den Ort markieren, an dem im Jahr 1913, also zur Zeit des real existierenden Engelhardts, der fiktive Corto Maltese auf einem Floß entdeckt wird.

Nicht nur in dieser Hinsicht irritiert der Roman das Verhältnis von Fakt und Fiktion. So wie fiktive Figuren aus anderen fiktionalen Welten wie selbstverständlich zu Akteuren in Krachts quasihistorischem Panorama werden, so lässt er in diesem auch Figuren erscheinen, die ohne größeren philologischen Aufwand als Hermann Hesse, Franz Kafka oder Thomas Mann zu identifizieren sind. Er versetzt sie aber an Schauplätze und verwickelt sie in Konstellationen, die nicht, zumindest *nicht ganz* der historischen Wirklichkeit entsprechen. So wie Heinrich Aueckens Franz Kafka theoretisch in einem Teehaus auf Helgoland hätte treffen können, aber nicht in dem Jahr, in dem die Begegnung dem Roman zufolge stattfand, so hätte auch Thomas Mann den nackten August Engelhardt eventuell am Strand der kurischen Nehrung entdecken und ihn daraufhin anzeigen können, jedoch nicht zu dem Zeitpunkt, auf den dieses Ereignis im Roman datiert wird. Kracht verschiebt die Zeitachsen, verrückt die Schauplätze und Figuren, Orte und Zeiten, aber immer nur gerade so weit, dass das, was er darstellt, auf den ersten Blick auf eine tatsächliche Begebenheit verweisen könnte und sich erst bei genauerem Betrachten als Fiktion erweist.

Für den Roman wie auch darüber hinaus für Krachts Schreibverfahren ist es dabei durchaus kennzeichnend, dass dieses Strukturprinzip der minimalen, jedoch signifikanten Verschiebung im Text selbst auf bemerkenswerte Weise vorgegeben und reflektiert wird, in Form einer minimal verschobenen Darstellung einer historisch belegten Verschiebung. Der einschlägigen Geschichtsschreibung ist zu entnehmen, dass im Jahr 1910 der Sitz des Gouverneurs für Deutsch-Neuguinea aus klimatischen und verkehrstechnischen Gründen von Herbertshöhe in den wenige Kilometer entfernten Ort Rabaul verlegt wurde. Dieses historische Szenario findet auch Eingang in Krachts *Imperium*, erscheint dort allerdings auf etwas andere Weise. Eingebettet in ausführlich entfaltete Parallelgeschichten, wird das Szenario der Verlagerung eines Ortes selbst verschiedenen Verfahren der Verschiebung ausgesetzt, die sich wechselseitig überlagern und dabei gleichsam im Modus der Verdichtung prozessiert werden. So baut sich in der Narration ein bemerkenswertes Irritationspotenzial auf, das auch auf der Figurenebene supplementiert und, einmal mehr, reflektiert wird, durch Hinweise auf die »Unruhe«, die »schon immer vorhandene Irritabilität« und die »sich langsam anbahnende Seelenstörung« des Protagonisten (I 136).

Während August Engelhardt im Rahmen einer Reise zu den Fidschi-Inseln feststellt, dass das Städtchen Suva auf Fidschi auf den ersten Blick Herbertshöhe ähnelt, und es Engelhardt auch in weiteren Hinsichten so erscheint, als schaue er in einen »verrückten Zerrspiegel« (I 139), wird in seiner Abwesenheit in Herbertshöhe

> nach kurzer Diskussion entschieden, die Hauptstadt von Deutsch Neu Guinea abzubauen und keine zwanzig Kilometer weiter die Küste hinauf neu zu errichten, immer noch in der Blanchebucht, in nächster Nähe des Vulkans, an einem Ort namens Rabaul. [...] Man ordnete an, daß sämtliche Häuser, die fein säuberlich auseinandergebaut, zu Brettersta-

peln und Nagelkisten geschichtet und mit den exakten Bauplänen zu ihrer Wiedererrichtung versehen worden waren, durch den Urwald getragen werden sollten. (I 136f.)

Da dies in Abwesenheit von Engelhardt geschieht, stellt sich bei dessen Rückkehr eine durchaus grundlegende Verwirrung ein. Noch nicht erholt von den Irritationen, die durch die verzerrten Ähnlichkeitserscheinungen auf den Fidschi Inseln ausgelöst wurden, bemerkt er »im allgemeinen Gewusel der Ankunft«, dass »er sich gar nicht im ihm vertrauten Herbertshöhe befand, sondern die Häuser, Palmen und Alleen auf höchst irritierende Weise verschoben zu sein schienen.« (I 145 f.)

Aufgrund der mehrfach übereinander geschichteten Verschiebeverfahren ist kaum zu übersehen, dass das, was hier auf der Ebene der Narration als Verwirrspiel zwischen Fakt und Fiktion entfaltet wird, in mehrfacher Hinsicht zugleich ein Strukturprinzip des Romans beschreibt. Ein Strukturprinzip, das nicht nur Orte, Zeiten und Figuren betrifft und sich nicht nur auf Verschiebungen und Überlagerungen der Grenzen zwischen Fakt und Fiktion beschränkt, sondern ganz grundlegend Krachts Schreibverfahren und Erzählweise prägt. Nicht erst mit dem Roman *Imperium*, sondern genau genommen seit seinem ersten, 1995 erschienenem Roman *Faserland* ist Krachts Schreiben durch eine Kopplung von Aufnehmen und Verschieben geprägt, vollzieht Kracht im Schreiben etwas, das man als Wiederholung mit Differenz beschreiben könnte.

In diesem Sinn heißt Schreiben bei Kracht immer auch *Über*schreiben. Kracht bezieht sich im Schreiben fast durchgehend auf bereits vorliegende Konstellationen, auf Vorgefundenes. Er schreibt auf der Grundlage von Vorlagen, die überschrieben, dabei aber nicht vollständig überdeckt, nicht ganz ausgelöscht werden, sondern im Verschwinden noch durchscheinen, oder zumindest noch durchzuscheinen scheinen. Dabei geht es eher nicht um Verfahren der Reproduktion, des Kopierens oder Plagiierens, Krachts Texte erinnern vielmehr an Palimpseste, jene antiken oder mittelalterlichen Schriftrollen, deren Beschriftung abgeschabt, aber nicht vollständig entfernt wurde und die in diesem nicht vollständig gereinigten Zustand wieder neu beschrieben wurden. Auf durchaus vergleichbare Weise arbeitet auch Kracht auf der Grundlage von bereits beschriebenen Vorlagen, mit schon vorliegenden Texten, die er nochmals aufzurufen scheint, indem er sich von ihnen entfernt, sie verschwinden lässt. Palimpsestartig scheinen sie durch seine Texte durch, werden stellenweise, bruchstückhaft, sichtbar. Zugleich werden sie aber auch durch andere Texte zum Verschwinden gebracht, durch andere Vorlagen überdeckt, überlagert, überbordet. Dies betrifft die unzähligen Kolonialismusklischees, den korrespondierenden Südseeromantikkitsch, die Exotismen und Rassismen des Wilhelminischen Reichs, die der Erzähler zumeist wohlgelaunt aufreiht, und es betrifft zugleich die Erzählmuster, die den Roman prägen – historische Formen der Robinsonade und des Abenteuerromans, aber auch auf die Südseefixierung der Klassischen Moderne.

Nicht immer ist jedoch klar zu erkennen, ob es die vermeintlichen Vorlagen überhaupt gibt, oder ob hier nur der Eindruck erweckt wird, man habe es mit Palimpsesten oder mit Vorlagen zu tun, die auf andere Weise wiederkehren, die überschreibend retuschiert, vielleicht auch resignifiziert werden. Insofern spricht einiges dafür, dass Krachts Verfahren eben das vollziehen, was in der Erzähltheorie mit dem Begriff des »Pastiche« erfasst wird: eine spielerische Imitation, eine Praxis der Mimikry, die im Unterschied zur Persiflage nicht auf satirische Effekte setzt, eine Form der Nachahmung, die auf der Ebene des Stils ansetzt und sich dabei – ohne dies zu verbergen – aus verschiedenen Quellen speist, verschiedene bereits vorliegende Texte und Kontexte aufruft und in einen letztlich doch neuen Text überführt.²⁵ Auch in diesem Fall gibt der Roman selbst einen deutlichen Hinweis auf das Prinzip, auf dem er aufbaut, und auch in diesem Fall wird die metafiktionale Selbstreflexion an die Figur des Gouverneurs gekoppelt. Bei seiner Ankunft in Herbertshöhe verpasst August Engelhardt Gouverneur Hahl knapp, da dieser kurz zuvor »am Schwarzwasserfieber erkrankt« war und »das Schutzgebiet auf dem italienischen Passagierschiff R.N. Pasticcio Richtung Singapore verlassen« hatte (I 50). Das italienische Wort *pasticcio* verweist durchaus überdeutlich auf sein französisches Pendant *pastiche*, ruft aber nicht nur die prominente Rolle des entsprechenden Begriffs auf, sondern hebt zudem wortgeschichtliche Zusammenhänge hervor, die in der literaturwissenschaftlichen Verwendung des Begriffs Pastiche gelegentlich aus dem Blick geraten. So lässt sich *pasticcio* nicht nur mit »Pastete« übersetzen, sondern auch mit »Pfuscherei«, eine Lesart, die im italienischen Verb *pasticciare* (»pfuschen, murksen«) noch deutlicher erkennbar ist und sich etwa im Kontext der Malerei bis heute mit dem Begriff Pasticcio verbindet, wenn mit ihm Nachahmungen in betrügerischer Absicht bezeichnet werden.

In seiner Dankrede zur Verleihung des Wilhelm Raabe-Literaturpreises spielt Kracht auch auf derartige Zusammenhänge an, wenn er von der »unermesslichen Angst« spricht, jemand werde das »ganze Lügengebäude, das Pastiche meiner Literatur« aufdecken und ihn als »Hochstapler« entlarven, da »alles immer geborgt ist, appropriiert, beeinflusst, gestohlen, kopiert«. Nicht nur eröffnet sich angesichts der gleichsam übereinander geschichteten Vorlagen und Verfahren hier eine weitere Lesart der Selbstbeschreibung als Hochstapler, im Modus der Selbstentlarvung präsentiert Kracht hier auch darüber hinaus Grundzüge seiner Poetologie. Einerseits entfaltet er sie, et-

---

25 Vgl. dazu etwa Gérard Genette: *Palimpseste. Die Literatur auf zweiter Stufe*, Frankfurt/M. 1993, S. 28 ff.; Richard Dyer: *Pastiche*, London/New York 2007.

was verknappend, im Rückgriff auf die rhetorischen Prinzipien der *imitatio* und *aemulatio* und mithin im Rückgriff auf Aristoteles und Platon, andererseits schreibt er das Bild des *Pasticcios* auf nochmals andere Weise aus und weitet es auf die italienische Institution der *pasticceria* aus, wenn er darauf hinweist, jene Autoren, auf die er sich »nur halb bewusst« beziehe, seien so in ihm »aufgegangen«, dass er nun »aus anderen Stimmen einen Kuchen zu backen vermag, dessen Glasur neu erscheint«.[26]

Für Krachts Schreibverfahren insgesamt wie auch für den Roman *Imperium* ist dabei charakteristisch, dass immer mehr als nur eine Stimme verarbeitet, immer mehr als eine Quelle imitiert oder angedeutet und mithin immer mehr als nur eine Geschichte erzählt wird. Im Fall von *Imperium* legen dies die Wegweiser, die sich im Text finden, und die wenigen greifbaren Selbstbeschreibungen des Autors ebenso nahe wie die Zuschreibungen von anderen. So ist der Vorwurf des Autors Marc Buhl durchaus nachvollziehbar, Kracht habe Elemente aus dessen Roman *Das Paradies des August Engelhardt* übernommen, der ein Jahr vor *Imperium* erschienen ist und sich ebenfalls in leicht fiktionalisierender Form eben der Figur widmet, die auch Kracht ins Zentrum seines Romans rückt.[27] Aber Kracht beschränkt sich nicht auf diese Vorlage, überschreibt nicht nur sie, lässt nicht nur sie – genauer: wenige Elemente der durch sie in Gang gesetzten Fiktionalisierung Engelhardts – im Kosmos seines *Imperiums* verschwinden. So wie die Kritik mit guten Gründen Vladimir Nabokov, Hermann Melville und Joseph Conrad in Krachts *Imperium* entdeckt, verweist der Autor selbst kaum weniger schlüssig auf Erich Kästner und präsentiert den Roman als Ergebnis des Vorhabens, »kästnerisch« zu

---

26 Eine Aufzeichnung der Dankrede von Christian Kracht zur Verleihung des Wilhelm Raabe-Literaturpreises wurde im Rahmen der Sendung *Studio LCB* am 24.11.2012 im Deutschlandfunk gesendet.
27 Marc Buhl: *Das Paradies des August Engelhardt*, Frankfurt/M. 2011.

schreiben.²⁸ Nicht minder deutlich scheinen im Text auch die Schreibweisen jener Autoren durch, die im Roman, wie skizziert, als quasihistorische Figuren auftauchen, etwa Jack London, Hermann Hesse oder, kaum zu übersehen und von der Kritik vielfach hervorgehoben, Thomas Mann.²⁹

So spricht einiges dafür, dass etwa das »kräftige englische Porter Bier«, das in der zitierten Eingangspassage von *Imperium* zum Frühstück gereicht wird, gleichsam noch aus Thomas Manns *Zauberberg* stehen geblieben ist. Die vage Vermutung, die Krachts Schilderung aufrufen kann, wird durch einen Blick in den *Zauberberg*, dessen Geschehnisse sich bekanntlich ebenfalls zu Beginn des 20. Jahrhunderts zutragen und der auch in weiteren Hinsichten hier aufschlussreich ist, schnell bestätigt. Schon dem jungen Hans Castorp wird, erfahren wir bei Thomas Mann, »täglich zum dritten Frühstück [...] ein gutes Glas Porter« gegeben,

> ein gehaltvolles Getränk, wie man weiß, dem Dr. Heidekind blutbildende Wirkung zuschrieb und das jedenfalls Hans Castorps Lebensgeister auf eine ihm schätzenswerte Weise besänftigte, seiner Neigung, zu ‹dösen›, [...] nämlich mit schlaffem Munde und ohne einen festen Gedanken ins Leere zu träumen, wohltuend Vorschub leistete.³⁰

Bereits diese kurze Passage aus dem *Zauberberg* kann verdeutlichen, dass in Krachts *Imperium* nicht nur das Bier aus Thomas Manns Roman auf dem Frühstückstisch stehen geblieben ist. So wie die »gleich nach dem üppigen Frühstück«

---

28 So in der ARD-Sendung *druckfrisch* vom 25.2.2012.
29 Erste in diesen Hinsichten einschlägige literaturwissenschaftliche Auslegungs- und Decodierungsarbeiten liegen mittlerweile vor, vgl. etwa Johannes Birgfeld: »Südseephantasien. Christian Krachts ›Imperium‹ und sein Beitrag zur Poetik des deutschsprachigen Romans der Gegenwart«, in: *Wirkendes Wort* 3/2012, S. 457-477.
30 Thomas Mann: *Der Zauberberg*, Frankfurt/M. 1974, S. 46 f.

eingeschlafenen Passagiere die Annahme nahelegen, dass in Krachts *Imperium* die im *Zauberberg* beschriebene Wirkung des Biers mehr als nur durchscheint, so scheint sich Kracht auch in den erzählerischen Duktus des *Zauberbergs* einzuschreiben, selbst dann, wenn die Geschehnisse einen etwas anderen Verlauf nehmen – wie im Fall der Porterbier trinkenden Pflanzer, mit denen die Eingangsszene des Romans fortgesetzt wird:

> Gerade der Genuß des letzteren schuf unter den rückreisenden Pflanzern, die sich – in das weiße Flanell ihrer Zunft gekleidet – auf den Liegestühlen des Oberdecks der Prinz Waldemar eher hingeflezt als anständig schlafen gelegt hatten, für einen überaus flegelhafte, fast liederliche Erscheinung. Die Knöpfe ihrer am Latz offenen Hosen hingen an Fäden lose herab, Soßenflecken safrangelber Curries überzogen ihre Westen. Es war ganz und gar nicht auszuhalten. Bläßliche, borstige, vulgäre, ihrer Erscheinung nach an Erdferkel erinnernde Deutsche lagen dort und erwachten langsam aus ihrem Verdauungsschlaf, Deutsche auf dem Welt-Zenit ihres Einflusses. (I 2 f.)

So wie nicht immer deutlich wird, ob Krachts Darstellungen auf Transformationen tatsächlich vorliegender Vorlagen aufbauen oder diese nur nachahmen, so ist auch nicht immer eindeutig zu entscheiden, ob wir es bei Krachts Überschreibungen mit dem Verfahren des Pastiche oder doch mit dem der Persiflage zu tun haben, das im Unterschied zum Pastiche deutlicher auf satirische Effekte setzt.[31] Unabhängig von diesen begrifflichen Feinunterscheidungen, die, wie gesehen, nicht nur von außen an den Text herangetragen, sondern auch durch ihn selbst prozessiert werden, führt Krachts *Im-*

---

31 Vgl. Genette: *Palimpseste*, S. 38 ff.

perium unübersehbar vor Augen, dass die Arbeit mit diversen Vorlagen, dass Nachahmung und Mimikry hier nicht zuletzt Effekte des Komischen erzeugen. Dies gilt für die nicht unaufdringlich durch Adjektivanhäufungen in Szene gesetzten Kolonialismusklischees ebenso wie für die Darstellungen der deutschen Pflanzer, Beamten und Lebensreformbewegten, die allesamt als merkwürdige, skurril verzerrte, durchaus objektiv komische Gestalten erscheinen.

Verstärkt werden diese Effekte noch durch den merkwürdig über den Dingen schwebenden Erzähler, dessen heitere Souveränität letztlich kaum weniger komisch erscheint als die Figuren, über die er berichtet und über die er sich ironisch erhebt. Immer wieder erneut zeigt sich, dass der »Nebel der erzählerischen Unsicherheit« (I 130), auf den der Erzähler an einer Stelle des Romans explizit verweist, durch ihn selbst erzeugt wird. In immer wieder neuen Konstellationen präsentiert sich, unfreiwillig oder nicht, der vermeintlich allwissende Erzähler als hochgradig unzuverlässige Instanz, dem das, was er als Realität präsentiert, selbst permanent entgleitet. Auch diese Form des Entgleitens wird im Text reflektiert, und auch in diesem Fall fungiert die Figur des Gouverneurs Hahl als eine Schaltstelle für die entsprechende Reflexion. In einer seiner vielen Prolepsen entwirft der Roman eine Nachgeschichte von Albert Hahl als leicht skurril anmutendem Privatgelehrten, der seine Philosopheme und Visionen in »langen Briefen eines alternden Mannes« verbreitet, »der nicht mehr im Mittelpunkt steht«. Einer dieser Briefe öffnet den Blick auf Möglichkeiten medial vermittelter Komplikationen, die nicht zuletzt auch auf die Geschichte verweisen, in der von ihnen berichtet wird:

> Auch der Philosoph Edmund Husserl erhält Post von Albert Hahl, eine dicht beschriebene, achtzigseitige Epistel, in der ausgeführt wird, wir Menschen würden in einer Art hochkomplexem Kinofilm oder Theaterstück leben, aber nichts

davon ahnen, da die Illusion vom Regisseur so perfekt inszeniert sei. (I 237)

Auf diese Weise wird gegen Ende des Romans eine Vorstellung wieder aufgenommen, gleichsam nochmals projiziert, die schon zu Beginn der Geschichte eine nicht unwichtige Rolle spielt, da sie ihren Verlauf irritiert und ihren Realitätsstatus grundsätzlich in Frage stellt. Im zweiten Kapitel, das die Hauptfigur mittels einer erzählerischen Rückblende nach Ceylon versetzt und in Form einer Analepse eine Vorgeschichte zum ersten Kapitel und damit zur Ankunft von August Engelhardt in Herbertshöhe erzählt, gerät die weiterhin gelassen erzählte Erzählung kurzzeitig aus den Fugen. Denn das, was erzählt wurde und erzählt wird, erscheint plötzlich als Teil einer kinematographischen Projektion, die aufgrund einer kleinen, aber folgenreichen Störung den Ablauf der Zeit, der erzählten Zeit wie der Erzählzeit, irritiert – und doch gerade so wieder zur Ankunft in Herbertshöhe und damit in die erzählte Zeit des ersten Kapitels führt. Im Verlauf einer nachmittäglich trägen Zugfahrt »beginnt plötzlich«, wie es im zweiten Kapitel des Romans heißt, »der Kinematograph zu rattern«:

Ein Zahnrad greift nicht mehr ins andere, die dort vorne auf dem weißen Leintuch projizierten, bewegten Bilder beschleunigen sich wirr, ja sie laufen für einen kurzen Augenblick nicht mehr vorwärts, wie vom Schöpfer ad aeternitatem vorgesehen, sondern holpern, zucken, jagen rückwärts; Govindarajan und Engelhardt treten verharrenden Fußes in die Luft – fidel anzusehen – und hasten rückwärts Tempelstufen herab, überqueren ebenfalls rückwärts gehend die Straße, immer stärker flimmert der Lichtstrahl des Projektors, es knackt und knistert, und nun wird alles augenblicklich formlos (da wir kurze Zeit in das *Bhavantarabhava*

Einsicht haben, den Moment der Wiederverkörperung), und dann manifestiert sich, nun freilich richtig herum und wieder in exakter Farbig- und Geschwindigkeit, August Engelhardt in Herbertshöhe (Neupommern) sitzend, im Empfangssalon des Hotels Fürst Bismarck, daselbst auf einem durchaus gemütlich zu nennenden Bast-Sofa (australisches Fabrikat), mit dem Herrn Hoteldirektor Hellwig (Franz Emil) im Gespräch, dabei eine Tasse Kräutertee auf den Knien balancierend, die ceylonische Analepse hinter sich lassend. Hellwig raucht. (I 47 f.)

Erst am Ende des Romans wird deutlich, dass es sich hier nicht nur um eine akzidentelle, punktuelle Irritation des Erzählflusses handelt, sondern um eine Szene, die ganz grundlegende Fragen zum Status der Realität, der Erzählung und des Erzählers aufwirft. Denn das Ende des Romans führt in der Schilderung der Anfangsszene der Verfilmung des Lebens von August Engelhardt nicht nur an den Anfang der Erzählung zurück. Während »Hunderte Projektoren« flirren und »ihre von wild tanzenden Staubpartikeln begleiteten Lichtnadeln auf Hunderte Leinwände« werfen (I 241), eröffnet sich im Rückblick, vom Ende des Romans her, auch die Möglichkeit, die Erzählung als eine rekursiv angelegte, medial vervielfältigte narrative Schleife zu begreifen, die nicht vorwegnimmt, sondern vielmehr reproduziert, was sich bei genauerem Hinsehen von Beginn an als Projektion erweist:

Die Kamera fährt nah heran, ein Tuten, die Schiffsglocke läutet zu Mittag, und ein dunkelhäutiger Statist (der im Film nicht wieder auftaucht) schreitet sanftfüßig und leise das Oberdeck ab, um jene Passagiere mit behutsamem Schulterdruck aufzuwecken, die gleich nach dem üppigen Frühstück wieder eingeschlafen waren. (I 242)

Im Rahmen der Erzählung, die in *Imperium* präsentiert wird, wiederholt sich so ein Prinzip, mit dem Kracht auch in anderen Texten arbeitet, dem er seine Texte und auch sich selbst geradezu systematisch aussetzt. Das, was man als mediale Vervielfältigung begreifen kann, erweist sich zugleich als spezifische Form einer *mise en abyme*, als eine differentielle Wiederholung, bei der das, was reproduziert wird, theoretisch ins Unendliche fortgesetzt wird, dabei aber zunehmend aus dem Blick gerät, sich der Wahrnehmung entzieht, entgleitet, wenn nicht in den Endlosschleifen der Reproduktion verschwindet. Nicht zum ersten Mal praktiziert und reflektiert Kracht diese Form der Darstellung im Rekurs auf den Film, auf Verfahren der filmischen Aufzeichnung und Reproduktion. So muss man nicht auf Peter Weirs *Truman Show* verweisen, auch ein Blick auf Krachts in vielen Hinsichten eng mit *Imperium* verknüpften Roman *1979* führt hier einschlägig relevante Verfahren vor Augen. Was in *Imperium* als ein narrativ entfaltetes Entgleiten der Realität begriffen werden kann, präsentiert sich in *1979* im Modus des Verschwindens und damit im Rekurs auf ein Motiv, das Christian Kracht als Autor von Beginn an in eben dem Maß verfolgt, in dem es auch seine Texte bestimmt.[32] Die Texte reflektieren es, lassen es diffundieren, schicken es in Wiederholungsschleifen, bis zu dem Punkt, an dem es sich selbst verflüchtigt. »Er drückte einen Schalter, und auf dem Monitor war jetzt der kleine Fernseher selbst zu sehen, in sich hundertmal gebrochen und verkleinert; er verlor sich in der Mitte des Bildschirmes im Unendlichen«, beschreibt der Erzähler in *1979* jenen »kleinen alchemistischen Trick«, mit dem eine Romanfigur eine Überwachungskamera sich selbst aufzeichnen und das aufgezeichnete Bild dadurch zugleich, in Form einer medial induzierten *mise en abyme*, so verkleinern

---

32 Ausführlicher dazu Eckhard Schumacher: Omnipräsentes Verschwinden. Christian Kracht im Netz, in: Johannes Birgfeld/Clause D. Conter (Hg.): *Christian Kracht. Zu Leben und Werk*, Köln 2009.

lässt, dass der Eindruck entsteht, es würde verschwinden.[33] Es verschwindet aber letztlich ebenso wenig wie das, was sich in Krachts *Imperium*, das immer auch ein medial vervielfältigtes Imperium der Zeichen ist, als Realität präsentiert.

Krachts Schreibverfahren ermöglichen vielmehr gerade durch die Überlagerung von Fakten und Fiktionen, durch das Prinzip des vielfachen Überschreibens, durch eine intrikate Kopplung von Differenz und Wiederholung, einen geschärften Blick auf reale, historisch belegte Begebenheiten wie auf deren Verwicklung in Fiktionen und Projektionen. So kann sich, wie im vorliegenden Fall, ein so umfassendes wie genaues und zugleich hochgradig unterhaltsames Panorama der Kolonialzeit gerade dadurch entwickeln, dass ganz unterschiedliche Perspektiven nebeneinander gerückt werden, ohne sie vorab festgelegten Lesarten zuzuordnen, ohne sie auch ideologisch greifbar zu machen. An die Stelle des Phantasmas einer eindeutig erfassbaren Realität oder politisch eindeutiger Positionierungen rückt dabei eine Form des Schreibens, die durchaus phantastisch genannt werden kann. Nicht nur die vermeintliche Vergangenheit, auch das, was wir als Gegenwart wahrnehmen, kann auf diese Weise verblüffend präzise dargestellt und zugleich als fragwürdige Projektion ausgewiesen werden.

---

33 Christian Kracht: *1979*, Köln 2001, S. 110 f.

Verleihung des
Wilhelm Raabe-Literaturpreises 2012
an Christian Kracht[34]

Jurybegründung

Die deutschen Kolonien zu Kaiser Wilhelms Zeiten waren schon häufiger Gegenstand der erzählenden Literatur. Doch noch nie so farbig schillernd, so böse komisch, phantastisch realistisch, pathologisch weltbeglückend, so schräg verzerrt wie in Christian Krachts Roman »Imperium«. Ein groteskes Sittenbild des frühen 20. Jahrhunderts, in dem Lebensbewegte, Lebensreformer, bärtige Bohemiens und aufbegehrende Aussteiger ihren privaten Wahnsinn zu Welterlösungsideen ausweiteten, übers Meer fuhren, um Land zu gewinnen, und Wahnsinn fanden, den lachenden Tod. August Engelhardt, Held des *Imperiums* war so einer, ein historisch verbürgter idealistischer Ritter mit der Kokosnuss, der eben diese behaarte Kugel anbetete, um eine Religion damit zu begründen, einen Kokovoren-Kult. Man kann diesen Kern des Romans in Geschichtsbüchern nachlesen, um in einen erkenntnisfördernden Wettbewerb zwischen irrer Realität und literarischer Irrealität einzutreten.

»Imperium« kommt heiter parlierend daher, im Ton des späten, leicht überdrehten realistischen Stils des späten 19. Jahrhunderts, das bekanntlich auch die Ära Wilhelm Raabes war.

---

[34] Der Preis wurde Christian Kracht am 4. November 2012 im Kleinen Haus des Braunschweiger Staatstheaters verliehen. Mitglied der Jury waren: Prof. Dr. Gerd Biegel, Dr. Roman Bucheli, Dr. Julia Encke, Dr. Anja Hesse, Ursula März, Dr. Michael Schmitt, Julia Schröder, Prof. Dr. Renate Stauf, Dr. Hubert Winkels. Neben dem Preisträger und dem Laudator sprachen außerdem: Oberbürgermeister Dr. Gert Hoffmann, Generalintendant Joachim Klement und Programmdirektor Andreas-Peter Weber.

Der Roman gehört zu jenen leichten schönen Dingen, die bekanntlich so schwer zu machen sind. Solche Kunst der heiterhintergründigen Art weiß auch schwere Geschichtsbrocken zu kommunizieren, wie die indirekte Parallelführung des manischen Fruchtverehrers Engelhardt mit dem bellenden Vegetarier Hitler; das machtgestützte imperiale Wüten des 2. Kaiserreichs; die Steigerung der Marotte zur Selbstvernichtung, den Umschlag des Vegetarismus in Kannibalismus, der guten Absichten also in menschliche Grausamkeit. Auf dieser Grenze zwischen Komik und Schrecken balanciert der Roman mit großer Sicherheit und bildet so einen bedeutenden Knoten im Gewebe der deutschsprachigen Gegenwartsliteratur.

Wilhelm Raabe, *Sumpflandschaft*

CLEMENS J. SETZ
Ein Meister der Schwerelosigkeit.
Lobrede auf Christian Kracht

Vor etwa vier oder fünf Jahren erzählte mir eine Freundin, die sich, zusammen mit einer Reisegruppe, für einige leicht verregnete Tage in Nordkorea aufgehalten hatte, dass sie in den Straßen Pjöngjangs einen Verkehrspolizisten gesehen habe, der über einen längeren Zeitraum hinweg seinen zwar in den Details etwas eigentümlichen, aber in seiner Grundgestalt doch ganz mit dem europäischen übereinstimmenden Verkehrs-Tanz aufgeführt habe, ohne dass während dieser Zeit auch nur ein einziges Auto aufgetaucht sei. Es sei den Polizisten dort bei Strafe verboten, so meine Bekannte, sich hinzusetzen oder stehen zu bleiben, auch wenn gar kein Verkehr herrsche. Es werde von ihnen verlangt, den ganzen Tag lang auf leerer Straße gestisch die Geschäfte der Ampel nachzuspielen. Die aufgrund von Benzinknappheit ausbleibenden Autos würden einfach ersetzt durch deren nicht weniger orientierungsbedürftige Schatten, Phantom-Vehikel, die von der behandschuhten Hand des Verkehrspolizisten angehalten und vorbeidirigiert werden. Müsse man sich, so fragte mich meine Freundin mit einem Lachen, diesen Verkehrspolizisten im luftleeren Raum nicht vielleicht – um mit Camus zu sprechen – als einen glücklichen Menschen vorstellen?

Und wenig später fügte sie hinzu: Was meinst du? Ob er seinen Körper überhaupt noch wahrnimmt?

Und da spürte ich es zum ersten Mal: einen eigenartigen Stromstoß. Irgendwie drängte diese Phantasie danach, weitergesponnen zu werden, ein mysteriöser Akkord war angeschlagen worden, eine Verbindung von Aufgehen in der Masse, Körper-Poesie und Mitleid mit einem möglicherweise geknechteten und in einer absurden Welt gefangenen Geschöpf. Für diese Empfindung hatte ich damals noch kein Wort. Damals kannte ich das Werk von Christian Kracht noch nicht.

Ich bin spät dazu gekommen, seine Bücher zu lesen. Anfangs stand viel im Wege, in erster Linie meine generelle Scheu vor zeitgenössischer Literatur – was vermutlich einfach ein anderer Ausdruck für Neid ist. Dann, irgendwann, am Ende meines Mathematikstudiums, stieß ich auf das Faksimile einer Abhandlung, die 1981 in den *Notices of the American Mathematical Society* veröffentlicht wurde: »Geocosmos: Mapping Outer Space Into a Hollow Earth«. Der ägyptische Mathematiker Mostafa A. Abdel Kader bewies darin mit sauberen logischen Argumenten, dass die Hohlwelttheorie, genauer: der Innenweltkosmos, also die Annahme, wir befänden uns an der Innenseite einer riesigen Kugel, äquivalent zur herrschenden Theorie des Universums ist. Man muss nur alle Gleichungen, welche die Naturgesetze beschreiben, umwandeln, so dass sie am Ende ein entsetzlich komplexes und beinahe schmerzhaft hässliches Gestrüpp aus Indices und Klammerausdrücken ergeben. Aber es funktioniert.

Seither läuft mir diese Theorie, so nutzlos sie auch erscheinen mag, da sie von Occams Rasiermesser vom wissenschaftlichen Diskurs abgetrennt wird, beharrlich hinterher. In meiner Wohnung gibt es einen ganzen Schrank voll mit über die Jahre angesammelten Schriften, Büchern, Flugblättern und historischen Dokumenten zu dem Thema. Darunter auch die erste Ausgabe einer Zeitschrift mit dem Titel *Der Freund*, herausgegeben von Christian Kracht im Jahr 2004, in der sich ein längerer Artikel zur Hohlwelttheorie findet. Auf diesem Umwege begann ich seine Bücher zu entdecken und zu lesen, mit stetig sich steigernder Begeisterung.

Endlich, so dachte ich, hatte ich ein Wort gefunden für die sonderbare Empfindung, die mir damals – und auch seither viele Male – durch den Körper ging. Leider ist Herrn Krachts

Nachname gegen das simple Anhängen der Silbe -esk aus rein klanglichen Gründen immun. Doch es ist immer sein Werk, an das ich denke, wenn mir eines dieser Mysterien begegnet: ein merkwürdiger Knoten im Raum, eine Absurdität, die von dem traurigen Wahnglühen eines totalitären Systems wie auch von der pyromanischen Freude an den bizarren Funken erzählt, die es an der Reibefläche eines europäischen Bewusstseins deutscher Muttersprache zu schlagen vermag.

Das Kaiserreich Wilhelms II. war reich an Erlösungssuchern, Lebensreformern und Aussteigern, die in Kolonien weitab der stickigen und geistlosen Heimat ihr Glück und ihre Verwirklichung suchten. Im Dezember 1897 hatte der deutsche Staatssekretär im Auswärtigen Amt, Bernhard von Bülow, eine neue, auf Expansion zielende Kolonialpolitik gefordert: Deutschland gebühre endlich auch ein »Platz an der Sonne«. Der Sekretär des Reichsmarineamts Alfred von Tirpitz – nach dem später ein nach dem Seegefecht bei den Falklandinseln 1914 für seine Tapferkeit mit dem Eisernen Kreuz ausgezeichnetes Schwein benannt werden sollte – trieb den Bau einer riesigen deutschen Schlachtflotte voran, das deutsche Volk schwelgte in Träumereien von Marine- und Südseeabenteuern, Kinder wurden fast nur mehr in Matrosenanzügen fotografiert.

Christian Krachts *Imperium* ist die Geschichte des Nürnbergers August Engelhardt, der diesem Deutschland den Rücken kehrt und in der Kolonie Deutsch-Neuguinea einen Sonnenorden der kultischen Nacktheit und der Kokosnussverehrung errichten will. Dies gelingt ihm sogar für eine gewisse Zeit, er erwirbt Grundstücke und Plantagen, er zieht Nachahmer und Jünger an. Der wirkliche Engelhardt starb 1911. Doch Christian Kracht lässt ihn in seinem Buch um viele Jahre länger leben. Nach dem Zweiten Weltkrieg wird er von den Amerikanern auf einer Insel entdeckt, in einem Zustand der vollkommenen Auflösung in der Natur, der an jene schönsten Zeilen aus Thomas Manns Roman *Der Erwählte* erinnert, in welchem der Sünder

Gregor auf einer Insel vor Gott Buße tut: »Schließlich, nach etwa fünfzehn Jahren, war er nicht viel größer als ein Igel, ein filzig-borstiges, mit Moos bewachsenes Naturding, dem kein Wetter mehr etwas anhatte, und an dem die zurückgebildeten Gliedmaßen, Ärmchen und Beinchen, auch Äuglein und Mundöffnung schwer zu erkennen waren.«

Nicht ganz so weitreichend ist August Engelhardts Verwandlung am Ende, aber immerhin hat sich seine Lepra zurückgebildet – auch eine ernst zu nehmende Metamorphose. Es ist beinahe unmöglich, bedeutende Literatur zu finden, in der die Verwandlung, vor allem die körperliche, gar keine Rolle spielt. Der Körper, der sich in andere Formen presst, dessen Grenzen sich in der Natur verlieren, dessen Größe variabel wird ... Es ist ein Refrain, der durch Christian Krachts ganzes Werk geht, von der allgegenwärtigen Übelkeit und dem Erbrechen in *Faserland*, dem Umerzogenwerden und, wie es heißt, seriously Abnehmen in dem Roman *1979* bis hin zur Selbstverschlingung August Engelhardts.

Imperium ist wie eine der heiligen Boxen des amerikanischen Assemblagekünstlers Joseph Cornell: Die richtige Kombination von Licht, Satzmelodie und Bild ergibt alle paar Seiten ganz ungeheure, alles überstrahlende Bilder: etwa der Ansteckungsherd der Lepra, welcher »irgendwo innerhalb der Quinte zwischen C- und G-Tasten des Lützowschen Klaviers gelegen« hat, »an denen vom leprösen Finger des Tolaihäuptlings abgelöster Hautschorf geblieben ist, den Engelhardt wenig später für seinen eigenen gehalten und gewohnheits- und reflexmäßig in den Mund gesteckt hat«. Oder der Paradiesvogel, der von australischen Soldaten, die in Rabaul eingefallen sind, gefangen und bei lebendigem Leib gerupft wird. Der Vogel wird, »nachdem man ihn auf den Kaiser Wilhelm getauft hat, unter prustendem Gelächter wie ein Rugbyball hin und her gekickt«.

Natürlich kann nur eine an solch intensiven Bildern reiche Erzählung eine über die grundlegende Differenz zwischen

Kopf und Welt sein. August Engelhardts Lehren ziehen nach und nach Jünger an, Deutsche, befallen von ihrer ewigen Weltsehnsucht, ihrem Heimweh nach harter, unbarmherziger Erlösung unter fremder Sonne. Sie kommen in Kabakon an und verursachen den Kolonialbeamten nichts als Schwierigkeiten: »Einige waren splitternackt; es roch dumpf nach menschlichem Kot, der von der täglichen Flut nicht vollends wieder hinaus ins Meer getragen worden war; andere waren über der Lektüre von anarchistischen Traktaten entkräftet eingeschlafen; wieder andere löffelten sich aus einer halbierten Kokosnuss weißes, glibberiges Fruchtfleisch in die bärtig umrandeten Münder. Die Repräsentanten der Zivilisation standen staunend in hellem Anzug unter ihnen.«

Interessant und beinahe unsichtbar und doch so bezeichnend für Christian Krachts Erzählkunst: das Wörtchen »wieder« im Satz über die Exkremente: »... der von der Flut nicht vollends wieder hinaus in Meer getragen worden war«. Als wären die Menschen Exkremente des Meeres, an den Strand gespült zur Plage der dort lebenden Geschöpfe. Aus planetarer Sicht sicher kein allzu schiefes Menschenbild.

In *Imperium* ist Christian Kracht etwas gelungen, was bislang nur in englischer Sprache existierte, nämlich im Werk von Ronald Firbank. Obwohl Firbank als Erzähler ein ganz anderes Temperament ist als Christian Kracht, teilen sie sich die virtuose Verschmelzung von Stilparodie, inspiriertem Camp und authentischem Spiel in der höchsten Genauigkeit, so dass Augenblicke beinahe transzendenter Poesie entstehen. Firbank konnte so elektrisierend übers Ziel hinausschießende Sätze schreiben wie »With a string of pearls Mrs. Shamefoot flicked at a passing bat« – »Mit einer Perlenkette schnippte Mrs. Shamefoot nach einer vorbeifliegenden Fledermaus.« Und auch in seinen Büchern gibt es Phantasien von körperlicher Verwandlung und Auflösung:

»Mentally, perhaps she was already three parts glass. So intense was her desire to set up a commemorative window to herself that, when it was erected, she believed she must leave behind in it, for ever, a little ghost. And should this be so, then what joy to be pierced each morning with light; her body flooded through and through by the sun, or in the evening to glow with a harvest of dark colours, deepening into untold sadness with the night ... What ecstasy! It was the Egyptian sighing for his pyramid, of course.« (aus: Vainglory, 1915)

August Engelhardt sehnt sich ebenfalls danach, am Ende erleuchtet, also vielleicht auch durchscheinend zu werden, in seinem Sonnenorden der Kokosnuss. Am Ende, in zunehmender Verwirrung, hält er sich schließlich selbst für die ideale Menschennahrung und beißt in seinen eigenen, infolge seiner Lepraerkrankung abgefallenen Daumen, begleitet von zärtlichen, flehenden Evokationen des Menschen im »Goldenen Zeitalter«, der sich angeblich ausschließlich von seinesgleichen ernährte und dadurch gottähnlichen Status erreichte. Diese auf sich selbst rückgespiegelte Zärtlichkeit, das sorgfältige Vertilgen der eigenen abgefallenen Glieder, ist der grelle Zenit eines vielleicht deutschen Wahnsinns, von dem das Buch uns berichtet. Ein Wahnsinn, dessen Grundmelodie variiert wird in dem in *Five Years* (Christian Krachts schwindelerregendem E-Mail-Wechsel mit dem amerikanischen Komponisten David Woodard) beschriebenen Projekt, in der von Elisabeth Förster-Nietzsche und ihrem Ehemann 1886 gegründeten Siedlung Nueva Germania in Paraguay von den durch jahrzehntelangen Inzest schwachsinnig gewordenen Nachkommen deutscher Siedler sogenannte Dreamachines bauen zu lassen, die man dann als Geschenk an Kim Jong-il nach Nordkorea schicken lässt. Was manchem Leser möglicherweise als verwirrend, dekadent oder gar geschmacklos erscheint, ist in Wirklichkeit eine Kunst der elektrisierenden Kombination, frech, wild, präzise übertreibend, provokant. Sie zeigt die Konvergenzpunkte, an die es unseren Verstand in seinen unüberwachten Augenblicken treibt. Sie feiert nicht das Unterdrückerische, das Entsetzliche, sondern macht die Mechanismen sichtbar, nach denen das Unterdrückerische und Entsetzliche uns verführt, uns liebgewinnt. Sie streut Eisenspäne in die unsichtbaren Magnetlinien, an denen das Denken die meiste Zeit verläuft. Also ist sie, in gewisser Weise, eine hoffnungsfrohe Kunst.

Ich habe auch einmal so eine Dreamachine gebaut. Eine Dreamachine, das ist ein röhrenförmiger Apparat, der rotiert und dabei ein Blitzlicht erzeugt. Das Blitzlicht verursacht beim Betrachter, der die Augen geschlossen hält, nach einigen Minuten geometrische Halluzinationen. Ich baute meine Dreamachine vor etwas mehr als einem Jahr in einem halb öffentlichen Workshop in Graz, wir bekamen die Schnittmuster der Kartonrolle ausgehändigt und hatten dann im Grunde nicht viel mehr zu tun, als mit Stanleymessern die Linien nachzufahren und das ganze Gebilde mit zwei, drei Handgriffen zusammenzustecken – allerdings, und gerade darin könnte man eine perfekte Metapher für den Unterschied zwischen fleißigen Prosahandwerkern und den Zustand der Schwerelosigkeit scheinbar übergangslos erreichenden Meistern wie Herrn Kracht sehen: Unsere Rotationsvorrichtung damals, in dem kleinen Grazer Workshop, war handbetrieben. Jawohl, man musste kurbeln. Ein eindeutiger Schwachpunkt, da die halluzinogene Wirkung des Lichtgeflimmers ja entscheidend von dessen Regelmäßigkeit abhängt. Kein Wunder also, dass wir an jenem Nachmittag an unseren selbst gebastelten, unförmig zusammengeleimten Dreamachines kurbelten und dabei unsere Handgelenke anstrengten, aber doch niemals dem Zustand nahekamen, den die Dreamachines, die Christian Kracht und David Woodard herstellen, zweifellos schon vom ersten Einschalten an erreichen.

Viele können in der Prosa bisweilen recht schnell laufen, aber Fliegen ist nicht einfach schnelleres Laufen – wie ein Roman wie *Imperium* auf so gut wie jeder Seite beweist. Lieber

Herr Kracht, ich verneige mich vor Ihrer schwerelosen, tief reichenden Kunst und gratuliere Ihnen zum Wilhelm Raabe-Preis 2012.